「ビッグイシュー」の社会学

ホームレスの対抗的公共圏をめぐって

Yakuwa Kayoko
八鍬加容子

明石書店

目　　次

序章　ホームレスの対抗的公共圏の可能性を探るために ……………9

 1　本書の目的　9

 2　本書の分析視角　13

  2.1　構築される「ホームレス問題」　13

  2.2　ホームレス研究の変遷　14

  2.3　なぜ今、社会の意識の変容に焦点を移すのか　18

  2.4　対抗的公共圏をめぐる論点　19

 3　調査方法　24

 4　本書の構成　25

第Ⅰ部
ホームレスの人々をめぐる状況の変遷

第1章　福祉国家の変容とEU、米国、日本のホームレス施策 … 31

 1　福祉国家の変容　31

 2　EUにおけるホームレスの実態と福祉・ホームレス施策の特徴　33

  2.1　EUのホームレスの実態　33

  2.2　EUの福祉・ホームレス施策の特徴　36

 3　米国におけるホームレスの実態と福祉・ホームレス施策の特徴　40

  3.1　米国のホームレスの実態　40

  3.2　米国の福祉・ホームレス施策の特徴　41

 4　日本におけるホームレスの実態と福祉・ホームレス施策の特徴　43

  4.1　日本のホームレスの実態　43

  4.2　日本の福祉・ホームレス施策の特徴　46

 5　まとめ　49

第2章　新聞におけるホームレス表象の変遷 ……………………………51

1　ホームレス記事数の変遷　51

2　記事の分析　52

　2.1〈ハードな他者化〉── I 期　52

　2.2〈ソフトな他者化〉── II 期　56

　2.3〈不可視化〉── III 期　59

3　考察と結論　62

第II部
ストリート・ペーパーの言説分析

第3章　ストリート・ペーパーとは ……………………………67

1　ストリート・ペーパーの誕生と展開　67

2　ストリート・ペーパーの販売者とは誰か　69

　2.1　多様な世界の販売者のプロフィール　69

　2.2「降格する貧困」の時代の包摂策の事例　72

　2.3　日本の販売者の変遷　77

3　ストリート・ペーパーをめぐる先行研究と本書の視角　81

第4章　〈他者化〉からの脱却
──国内のライフストーリーと読者投稿欄に着目して ………………86

1　本章の目的　86

2　調査概要　89

3　『ビッグイシュー日本版』「販売者に会いにゆく」誌面分析　90

　3.1　時代区分と分析方法　90

　3.2「構造／コンテキスト」の語り口── I 期　92

　3.3「エージェンシー／抵抗」の語り口── II 期　93

　3.4「ボイス／アクション」の語り口── III 期　94

4　『ビッグイシュー日本版』「読者投稿欄」誌面分析　96

　4.1　読者プロフィールと分析方法　96

4.2　ホームレス観の変容──Ⅰ期　97
　　4.3　立場の相互転換と仲間化──Ⅱ期　98
　　4.4　社会問題化──Ⅲ期　99
　5　ストリート・ペーパー発信者の意図　100
　6　考察と結論　101

第5章　「降格する貧困」の時代の対抗的な自立観
──欧米の販売者のライフストーリーに着目して …………………… 105

　1　本章の目的　105
　2　調査概要　105
　　2.1　海外の販売者のライフストーリーができあがる過程　105
　　2.2　基本データ　107
　3　海外の販売者のライフストーリー分析　107
　　3.1　「なぜホームレス状態に陥ったのか」──描かれる構造と、生き延びようと働く個人　107
　　3.2　「現状」と「お客さんとのやり取り」　113
　　3.3　「将来の展望」─時間をかけて、支える存在へ　119
　4　分析と結論　121

第Ⅲ部
ストリート・ペーパーの日常的実践分析

第6章　〈他者〉との出会いは対抗的公共圏に
何をもたらすのか ……………………………………………… 131

　1　危機に瀕する公共空間　131
　　1.1　問題の所在　131
　　1.2　『ビッグイシュー日本版』はどのように販売されているのか　132
　2　調査概要　133
　3　データの分析　136

3.1 場所の意味の変容　136
3.2 ホームレス観と購入するきっかけ　138
3.3 イメージの変容と傷つきやすさへの気づき　141
3.4 感情への応答　146

4　考察と結論　147

第7章　包摂策変容の可能性 ………………………………………… 152

1　問題の所在　152
2　組織のあり方の変遷　153
2.1 ある販売者の「卒業」　153
2.2 包摂策の変容　154

3　関係者の意識の変遷　157
4　考察と結論　160

第8章　「ともに楽しむ」という対抗性 ……………… 163

1　問題の所在　163
2　先行研究の検討　164
3　雑誌売買を超えた交流　165
4　HWCとダイバーシティカップ　166
4.1 概要　166
4.2 自立へ至る道としてのフットサル　166

5　「販売者が楽しそうでよかった」　167
6　応援し合う文化　168
7　考察と結論　170

第9章　応答し合う関係性から始まる新しい社会構想とは？ …… 173

1　問題の所在　173
2　呼びかけと応答　174
2.1 傷つきやすさへの応答　174

2.2　呼びかけと応答の実践　176
3　「理由がない」こと、自分も存在として受け入れられること　178
4　社会への信頼の取り戻し　180
5　考察と結論　181
　　5.1　自己責任を回避する「傷つきやすさを避けるモデル」　181
　　5.2　創発的連帯　183

終章　〈他者〉と出会い、構想する新たな社会 ……………191
1　得られた知見の振り返り　191
2　考察と結論　194
　　2.1　ホームレスの人々と市民との出会いの意味　194
　　2.2　近代的主体を超えて　195
　　2.3　〈他者〉との出会いの先にある新たな社会構想　196

あとがき　199
初出一覧　201
参考文献　202

コラム
トランスナショナルな貧困運動は可能か　83
ホームレス研究におけるアクション・リサーチの可能性　126
家族機能の社会化を考える　187

序章
ホームレスの対抗的公共圏の可能性を
探るために

1 本書の目的

　後期近代に入り、近代を支えてきた「仕事」「家族」における大きな物語が世界的に終焉を迎えつつある。それとともに、男性稼ぎ主モデルの家族を前提とした、国家による完全雇用政策と社会保障政策の組み合わせを通じて成立していた福祉国家も揺らぎ始めている。非正規雇用を中心とした不完全雇用と共稼ぎモデルの家族を前提とした、個々人の所得の喪失とケアの危機という「新しい社会的リスク」に対応しようと、社会的投資戦略などの議論も欧州を中心に東アジアなどでも進む（濱田・金 2018）が、途上である。

　そのような過渡期において、「新しい社会的リスク」に直面し、不安定な生を経験する人々の数が急増している。Anne Allison（2013: 6）によると、不安定な生の状態を指す「プレカリティ（precarity）」が世界的に時代をあらわす言葉として受け入れられているという。元々は雇用不安を指す言葉であった（Kalleberg 2009）が、Judith Butler（2015=2018）は、ある種の人々が他の人々よりも「社会的、経済的な支援のネットワークから脱落して苦境に陥り、差別的な仕方で侵害、暴力、そして死に曝されるような、政治的に誘発された条件」としてより広い概念として捉えている。そして、現代社会においては「プレカリティ」が不平等に配分されていることを問題視している（Butler 2015=2018）。

　現代社会において、最も不安定な生の状態に置かれているのがホームレス

9

と呼ばれる人々である。日本において「ホームレス」とは2002年に成立した「ホームレスの自立の支援等に関する特別措置法（以下、特措法）」で「都市公園、河川、道路、駅舎その他の施設を故なく起居の場所とし、日常生活を営んでいる者」（第2条）とされており、いわゆる野宿者を指す。一方で先行研究においては、ホームレス状態に陥る人々が、かつてのような寄せ場労働者を主とした野宿者だけではなく、若者、ひとり親家庭、移民など「多様化・非顕在化」（堤2010）していることが指摘されている。そして、従来の寄せ場のように特定の地区に集中して存在するのではなく、空間的に分散していること（北川2019）や、ネットカフェなどの商業施設のみではなく知人宅に泊まっていたり（後藤2018）、車中で暮らしていたりするため、公の統計には現れない「隠れたホームレス」が増えていることも指摘されている（OECD 2020）。そこで、本書では公園、路上などで野宿する人々を「野宿者」と呼び、野宿ではないものの安定した住環境を持たない人々を「広義のホームレス状態にある人々」と呼ぶことにする。また、両者を合わせて「ホームレス状態にある人々」「ホームレスの人々」と呼ぶ。

　日本においてホームレス状態にある人々が多様化してきている背景には、冒頭で述べたような「仕事」「家族」をめぐる状況が劇的に変化していることが挙げられる。例えば1990年に881万人だった非正規雇用者数は、2021年に2064万人と2倍以上となり（厚生労働省2021）、また50歳時未婚率を見ると、1990年には男性の5.6%、女性の4.3%だったのが、2020年には男性の25.7%、女性の16.4%となっている（総務省統計局2020）。

　落合恵美子（2019）が「縮んだ戦後体制」と呼んだように、従来型のシステムが構造を変えないまま縮んで小さくなり、そのシステムには入れない人々が「安定した雇用」「安定した家族」の外側に取り残されてあふれている。つまり、包摂する側の社会ももはや安定的なものではなくなり、大きなリスクを抱えたものになっているのである。仁平典宏（2013）が指摘したように、標準と例外の二重基準によってつくられた安定の仕組みは、1990年代以降の経済のグローバル化と脱工業化の中で揺らいでおり、〈例外〉が「標準」になってい

る。

　このように、ホームレスの人々の多様化・非顕在化は、既存の社会構造の変容や制度の疲弊と密接な関わりがあるのだが、そのようなマクロな視点が考慮されず、「個人的苦境」として捉えられてしまう可能性はいまだに存在している。ホームレス状態にまで陥るような不安定な生は、Butler（2015=2018）が指摘するような「プレカリティ」の不平等な配分に端を発しているのだが、それはいかにして「彼らの問題」ではなく「私たちの問題」となりうるのだろうか。そのためには「彼ら」と「私たち」の間に何らかのかたちでつながりが築かれる必要があるが、それはいかにして可能なのだろうか。

　よく知られているように、福祉国家は見知らぬ他者（Ignatieff 1984=1999）の間に制度によって相互支援を成り立たせてきた。だがそのような想像上の連帯は危機に瀕しており、世界的に格差が広がる中、その格差の要因は「公正な競争」の結果敗れた個人にあるという自己責任論も根強く残っている。福祉国家という制度が疲弊し、想像上の連帯が脆弱なものになる中で、新たなつながりの可能性を探る意義は増している。

　そこで本書は、ホームレス状態にある貧困者と非貧困者がともに集い活動するストリート・ペーパーをフィールドに、いかに立場の異なる者たちがその違いをこえて活動しうるのかを調査することで、いかにして「彼ら」と「私たち」の間を架橋するようなつながりが築かれ、そのつながりが新たな社会構想へと通じうるのかを考察することを目的としている。

　第3章にて詳述するが、ストリート・ペーパーはホームレス状態にある人々に雑誌販売の仕事を提供し、それによって人とのつながりを取り戻すことを目的に1989年にニューヨークの路上で誕生した。同様の仕組みの雑誌や新聞は1990年代には欧州で、2000年代には日本を含む東アジアでも創刊された。現在は世界約35ヶ国の街角で100誌・紙程度販売されており、誌面においては固定化されたホームレス表象に対抗するようなメッセージを発信し、独自の互助のシステムを構築しつつある。

　その中でも本書の主な研究対象は日本のストリート・ペーパーの発行・販

売を担う「ビッグイシュー日本」[1]である。「ビッグイシュー日本」は特措法が施行された翌 2003 年に大阪で設立され、2023 年 3 月までで 451 号 969 万冊の雑誌を制作・販売。販売者に 15 億 5272 万円の収入を提供し、現在も 98 人が全国各地で『ビッグイシュー日本版』を販売している（有限会社ビッグイシュー日本 2024）。スタッフ数は正社員が有限会社と NPO を合わせて 20 人、パートも含めて有給スタッフは 25 人、インターン 8 人、各地域で販売を支えるサポーターが約 100 人の他、400 人近いボランティアがいる（佐野 2010）。本書ではこのストリート・ペーパーの活動を対抗的公共圏（Fraser 1992=1999）という理論枠組みを用いながら分析していく。

　対抗的公共圏とは Nancy Fraser（1992=1999: 138）によると、従属的な社会集団が自身の肯定的なアイデンティティや利害関心を提示する対抗的な討議空間のことであり、従属的な集団へ参加の機会を保障するとともに、既存の社会を再編成する潜在力を持つという。2.4 で述べるようにこの概念を用いた研究群は充実しているが、いずれもある特定のカテゴリーに属する人々の活動を捉えており、カテゴリーをこえた人々との出会いが想定されていない。ではホームレスの人々と市民が出会った時、どのような活動が立ち上がるのだろうかというのが本書の主な関心となる。

　ホームレスの人々を中心としながら、多様な世代、社会的立場、ジェンダーの人々が集うストリート・ペーパーによって生み出され、オルタナティブな価値観を示す場を、本書では対抗的公共圏（Fraser 1992=1999）という枠組みを使って捉える。そして、そのような対抗的公共圏がどのように生成・展開するのかを捉えるために、そこでどのようにホームレスの人々と市民とが出会い、新たな社会構想の芽となるようなアイデアを共有しているのかを分析、考察することを目的とする。

2 本書の分析視角

2.1 構築される「ホームレス問題」

　本書の研究対象であるストリート・ペーパーを論じる前に、日本においては社会においてこれまでどのように「ホームレス問題」が構築されてきたのかを概観しておく。

　日本においては、1990 年代頃以降、行政や支援者、住民・市民など様々なアクターによって「ホームレス問題」が社会的に構築されてきた（北川2019）。その背景の 1 つに、バブル崩壊や産業構造の変容といった要因により、寄せ場労働者が職を失い、野宿者として都市において顕在化したことが挙げられる。それ以前から、寄せ場労働者の一時的な「仕事待ち野宿」は存在していたが（島 1999）、それが自治体や国レベルで解決していくべき問題としては認識されていなかった（岩田 1997）。

　それが「ホームレス問題」として構築されていく過程には、例えば、大阪においては、寄せ場である釜ヶ崎の外へ日雇い労働者が野宿者として「流出」（島 1999）し、周辺の公園にテント村を築くことで周辺の住民との間に軋轢を生んだことが挙げられる。その後、大阪市がその公園に 3 年を限度に仮設一時避難所の建設を計画すると周辺住民からの反対運動という形で先鋭化した（森田編 2001）。また東京においては、1992 年頃から新宿駅の西口地下通路に300 ほどの「段ボールハウス」村が出現したが、1996 年 1 月には大がかりな「強制撤去作業」が行われた（岩田 2000）。このように、日本における「ホームレス問題」はまず、ホームレスの人々を「公共空間の占拠者」として表象してきた。

　野宿者の急増・拡大現象を受け、1998 年頃より、東京都（都市生活研究会2000）や大阪市（大阪市立大学都市環境問題研究会 2001）など、自治体による野宿者実態調査が行われるようになった。また国によって関係省庁や地方自治体、有識者等による「ホームレス問題連絡会議」が開かれて「ホームレス問題に対する当面の対応策について」が 1999 年 5 月に取りまとめられ、2002 年

には特措法が成立。2003 年には「ホームレスの自立の支援等に関する基本方針」が策定された。 同法においては、野宿者が「就労する意欲はあるが仕事がなく失業状態にある者」「医療、福祉等の援護が必要な者」「社会生活を拒否する者」の 3 つに類型化され、類型別の対応策が示された。つまり、特措法以降、「ホームレス問題」は福祉の問題であり、失業問題として構築され、ホームレス状態の人々は「被支援者」として位置づけられることとなった。

リーマン・ショックが世界を襲うと、いわゆるネットカフェ難民などもメディアで報じられるようになり、その実態調査もなされ（厚生労働省職業安定局 2007; 大阪市立大学創造都市研究科・釜ヶ崎支援機構 2008）、これまで雇用の調整弁として使われてきたフリーターや非正規雇用なども含めた若年失業者問題としても位置づけられ始めた。

このように、ホームレスの人々のイメージは「公共空間の占拠者」「被支援者」「若年失業者」と社会的に構築されてきた。だが、そのイメージは行政や支援者、住民・市民など様々なアクターによって構築されたものであり、ホームレスの人自らが自身の抱える苦境を語り、それに社会が耳を傾けることで構築されたイメージではないのである。

2.2　ホームレス研究の変遷

そのような社会のイメージや構築される「ホームレス問題」に時に抗い、時に同調するようにホームレス研究も変遷を遂げてきた。ホームレス研究の源流としては寄せ場研究があるが、社会病理学的に寄せ場を扱う視点を批判したのが青木秀男（1989）である。青木（1989）は、従来の寄せ場研究の枠組み自体が寄せ場労働者や野宿者たちを改良されるべき存在とするイメージの再生産装置となっていると指摘し、寄せ場労働者や野宿者たちの主体性に着目するよう呼びかけた。以降、野宿者の「生き抜き戦略」に焦点を当てたもの（山口 1998）や野宿者の「個人レベルでの抵抗」に社会変革をもたらす可能性を見出した研究（中根 2001）などが続いた。

2000 年代に入ってからも、新宿のホームレス支援・当事者運動に焦点を当

てたもの（Hasegawa 2006）や、都市の中で無力化と原子化の圧力を受けながらも生活史や公共空間においてその圧力を乗り越えようとする当事者の姿を描いたもの（林 2014）など、「抵抗の主体」としてのホームレス像を捉えた研究群が相次いだ。

　一方で、特に特措法の成立前後から目立ってきたのが、ホームレスの人々をいかに社会に包摂するかという「社会的排除／包摂論」と接続した議論である。学術界においては岩田正美（2008）が、支援の現場では湯浅誠（2008）が社会的排除の理論を整理して包摂のあり方を提示し、それに続く研究群の成果として、野宿者、ネットカフェ難民、移民労働者や女性の貧困など、ホームレス状態に陥る人の生が多元化していることが確認され、支援策の充実を目指す議論が多数蓄積されてきた。

　例えば2002年に成立した特措法に関しては「自立支援策」や「自立支援センター」など各地で行われている事業の実態の分析が行われ、施設に入所することにより社会関係資本が不足すること（マール 2005）や、就職活動をする際に直面する困難（村上 2005、加美 2006）などが指摘されており、後藤広史（2022）においては就労自立しても再利用している場合のより手厚い支援の必要性が説かれている。

　一方、適用が拡大された生活保護によるアパート暮らしへ移行した人々への調査も多数行われ、保護の受給によって生活基盤は安定しても、健康状態、金銭管理や社会的ネットワークの不足など様々な問題を抱えていることが指摘され（水内 2006、2007; 山田 2009）、「関係性の回復・再構築」の視点の必要性（山田 2009）やホームレス状態を脱した後の「場」の重要性（後藤 2013）も論じられている。

　このように、北川由紀彦（2019）も指摘したように過去20年の間ホームレス支援策は「網の目」を細かくし、研究もまたその精度の「向上」に貢献してきた。そのような研究群が確かにホームレス状態に陥った人々の暮らしを支えてきたわけだが、一方でそのような研究群は社会における「被支援者」というイメージと同調し、ホームレスの人々を「包摂策の客体」として表象してきた

とも言える。

　このように寄せ場研究やホームレス研究においては「抵抗の主体」や「包摂の客体」としてホームレスの人々を理解しようと努めてきた。だがそのようにホームレスの人々を理解しようとする研究枠組み自体が、意図せずに寄せ場労働者、野宿者、ホームレス状態にある人々を「彼ら」と〈他者化〉する視点を再生産してきた側面もあるのではないだろうか。

　〈他者化〉とは〈他者〉を生み出す作用と過程のことであるが、ここで言う〈他者〉とは単に「自分以外の者」という意味を超えて、Ruth Lister（2004=2011）が指摘するように、ホームレスの人々とそうではない人との間に線引きをし、単なる差異を「劣等性」へと読みかえることで社会的に構築されてきた存在のことである。

　「抵抗の主体」としてのホームレス像は主体性や抵抗を強調するあまり「彼らの問題」のために社会に対抗していると問題が矮小化されて社会構造上の問題が後景化することで、自己責任論に絡め取られてしまう可能性がある。また「包摂の客体」としてのホームレス像では、当事者の持つ行為主体性が後景化することで、当事者を単なる救済の対象とみなしてしまう。

　それでは、既存の社会構造の変容や制度の疲弊によりホームレス状態に陥った人々の苦境から、また彼らの声から、いかにして私たちと地続きの「ホームレス問題」が立ち上がってくるのだろうか。

　1つには彼らが同じ社会の市民であるということ、つまり〈他者〉ではないということをいかに社会の方が気づき、意識が変容できるかというように問いの焦点を社会の方に移すということが考えられる。長らく北九州市にてホームレスの人々の支援を牽引してきた奥田知志（2014: 66）は、困窮者支援について「経済的困窮状態にあり、社会的に孤立した『個人の社会復帰を支援する』といわれるが、問題の本質は『そもそも復帰したい社会であるかどうか』というところにある」という。

　そして障がい福祉分野における課題解決の枠組みである「個人（医療）モデル」と「社会モデル」[2)] を挙げ、障がいを個人の問題とせず「社会の問題」と

して捉える「社会モデル」を支持し、障がいを持つ個人が生きていくために、社会が適応変化していくことの重要性を説く。そして「ホームレス問題」においても「社会モデル」を援用することで社会の課題を示し、社会創造を目指すという（奥田 2014: 67）。

この「ホームレス問題」において社会の方に意識変容を迫り、それによって新しい社会の仕組みの構築を目指すというところに「抵抗の主体」と「包摂の客体」の二項対立を超える鍵があるように思われる。というのも、当事者の抱える課題を「社会の問題」として捉えるため、そこには「彼らの問題」は「私たちの問題」という道が開かれうるし、当事者の声が新たな社会構想の端緒となるため、当事者は単なる包摂策の客体とはならないからである。

だが、これまでのホームレス研究においてはそのほとんどが当事者であるホームレスの人々に焦点が当たっており、社会の意識の変容を追い、いかにして「私たち」と地続きの「ホームレス問題」が構築されうるのかを考察したものは数が限られている。

社会の意識の変容を追ったものとしては例えば大阪市立大学社会学教室（1996）が行った調査がある。島和博（1997）は同調査を用いて、都市住民が野宿者に抱く「野宿者イメージ」と「問題解決」への指向性との間の関連性を明らかにした。だがそこで表象されるのは「同情」「支援」「取り締まり」の対象としてのホームレス像で、そのようなイメージがいかに変容して「私たち」と地続きの「ホームレス問題」が築かれうるのかは考察されていない。

一方で「私たち」と地続きの「ホームレス問題」がいかに拓かれうるのかについては、山北輝裕（2014）が長期にわたる野宿者支援団体での参与観察を通して支援者と野宿者との「協同」を描き出し、野宿者の「当事者性」は支援者との「協同」の中で発露すると論じている。だが、そこでの「協同」に参加しているのは「支援者」だけであり、「ホームレス問題」に関心のない市民がいかにしてその「協同」に参加できるのかを考察する余地が残されている。

そこで本書においては奥田（2014）が提唱する「ホームレス問題」においても「社会モデル」を援用することを基調とし、社会の方に意識変容を迫り、そ

れによって新しい社会の仕組みの構築を目指す道がいかにして開かれうるのかについて考えてみたい。

　具体的には、公共空間における雑誌売買を通じてホームレスの人々と出会った市民がいかに意識の変容を遂げて〈他者化〉を脱し、当事者とともに新しい社会の仕組みの構築を目指していくようになるのかに焦点を当てることで、ホームレス研究の「抵抗の主体」と「包摂の客体」を超えて「私たち」と地続きで「ホームレス問題」を構築する道を探りたい。

2.3　なぜ今、社会の意識の変容に焦点を移すのか

　それでは、なぜ今ホームレス研究において、焦点を当事者ではなく社会の意識の変容の方に移す必要があるのだろうか。

　その理由として、前述したような「仕事」「家族」をめぐる状況の劇的な変化が挙げられる。近代を支えてきた「仕事」「家族」における大きな物語の終焉は国内外の多くの社会学者の関心を捉え、「仕事」においては「賃労働社会の危機」（Castel 1995=2012）、「家族」においては「親密性の変容」（Giddens 1992=1995）や「個人化」（Beck 1986=1998）など、様々な論が展開されている。

　このように包摂する側の社会ももはや安定的なものではなくなり、大きなリスクを抱えたものになっている一方で、そのような社会が揺らぐ時代においては新たな紐帯のあり方が見られる可能性もある。ここで注目したいのが Serge Paugam（2005=2016）の貧困の基本形態の類型（表1）である。

　Paugam（2005=2016）は社会的に貧困者と指し示された人々と社会との相互依存関係から貧困を捉えようとした。そして、主に欧州での調査を通して貧困の基本形態を3つに分けて論じており、それは大部分の人が貧困を経験する時代のスティグマ化の弱い「統合された貧困」、準完全雇用・失業率の低下した時代の周縁に置かれた人々のみが経験するため、スティグマ化が強い「マージナルな貧困」、そして失業が急増し排除リスクに対する集合的な不安が生まれる時代の「降格する貧困」だという。そして2016年に来日した際、日本の

18

表1　Paugam（2005=2016）による貧困の一般的特徴より

理念型	発展と労働市場	体験
統合された貧困	低い経済発展	スティグマ化が弱い
マージナルな貧困	準完全雇用、失業の低下	「社会的不適応者」として語られる
降格する貧困	失業の急増、職業状況の不安定、参入の困難	ますます多くの人が「貧困者」「排除された者」として認められる可能性があるが、彼らの状況と社会的地位には大きな異質性がある

（出所）Paugam（2005=2016）120 ページより抜粋

状況について「高度成長期はマージナルな貧困の時代、1990 ～ 2010 年代は降格する貧困の時代とそれぞれ言うことができるのではないか」（Haffpost 2016）と語っている。

　脱工業化が進み、家族のあり方も多様化する中で福祉国家が揺らぐ時代、Paugam（2005=2016）にならうならば「降格する貧困」の時代においては、ますます多くの人が貧困を経験するため「統合する貧困」「マージナルな貧困」の時代とは違った紐帯のあり方が見られるはずである。つまり、ホームレス状態に陥る苦境を市民が地続きで考え、新たな社会構想が生まれる可能性も高まっていると考えられる。

　だがそのためには、ホームレス状態に陥るのは「公正な競争」の結果敗れた個人の責任ではなく、社会構造の歪みの方に要因があるという気づきが社会にもたらされる必要がある。

　そこで本書では、ストリート・ペーパーの可能性を社会の意識の変容に焦点を当てながら「対抗的公共圏」という理論枠組みを用いて考察していくが、次項以降ではこれまで対抗的公共圏においてなされてきた議論をまとめ、本書の視角を提示する。

2.4　対抗的公共圏をめぐる論点

2.4.1　対抗的公共圏をめぐって

公共圏に関する議論は Jürgen Habermas（[1962]1990=[1973]1994）と

Hannah Arendt（[1958]1998=[1973]1994）が礎となっている。だが、両者ともに公共圏において階級・ジェンダー・民族などに基づく排除がなされてきたことに自覚的でなかった点を批判されている（Benhabib 1992=1999; Fraser 1992=1999）。Seyla Benhabib（1992=1999）は、アーレントが賞賛するギリシャのポリスの政治空間は「女性、奴隷、子ども、労働者、市民権のない居留民、すべての非ギリシャ人などの人びとからなる膨大な集団を排除することによってのみ可能だった」と指摘している。また、Fraser（1992=1999）は、Habermasの公共圏の概念は「公開性と接近可能性というレトリックを用いるにも関わらず、公式の公共圏がかなりの部分の人びとの排除に基づいている」と批判している。

　その批判を元にFraserは、従属的な社会集団が自身の肯定的なアイデンティティや利害関心を提示する対抗的な討議空間を「対抗的公共圏」（Fraser 1992=1999: 138）と呼び、従属的な集団へ参加の機会を保障するとともに、既存の社会を再編成する潜在力を見出している。

　Habermas（[1962]1990=[1973]1994）は19世紀から20世紀にかけて出現したブルジョアによる公共圏を取り上げたが、Fraser（1992=1999）が指摘する通り、歴史を紐解くと様々な対抗的な公共圏が存在していた。

　例えばフランス革命時の女性たちの活動（Landes 1988）、19世紀末から20世紀初頭の米国バプテスト教会における黒人女性によるもの（Higginbotham 1993）、在日朝鮮人女性たちによるもの（徐 2012）、非正規滞在移住労働者たちによるもの（高谷 2009）などである。

　Fraser（1992=1999）は多彩な対抗的公共圏の例を引きながら、単一の包括的な公共圏の方が多元的に競争しあう公共圏よりも優っているというHabermas（[1962]1990=[1973]1994）の前提を一蹴した。

　一方でFraser（1997b=2003: 5）は、社会運動の担い手が「自らの『利益』を守り、『搾取』を終焉させ、『再配分』を勝ち取るべく闘争する、経済的に定義された『階級』ではなくなり、むしろ自らの『アイデンティティ』を守り、『文化的支配』を終焉させ、『承認』を勝ち取るべく闘争している、文化的に

定義された『集団』あるいは『価値の共同体』に取って代わられつつある」とし、「その帰結として、文化的ポリティクスが社会的ポリティクスから分断され、前者によって後者が相対的に覆い隠されている」（ibid: 5）として、承認の正義が前景化したいわゆる「新しい社会運動」を批判し、再分配と承認を両輪で捉えようと試みた[3]。

　Fraser（1997b=2003）の指摘から数十年を経た2020年代の世界では福祉国家が揺らぎ、世界的に格差が広がっており、承認の正義とともに再分配の正義を今一度俎上に載せたその主張は至極真っ当に聞こえる。

　近年においてはさらに、Fraser（2017b=2021）は新自由主義と結びついた様々な承認の政治について批判しており、平等が能力主義に縮減されたことを指摘している。「有能な」女性や有色人種、性的マイノリティが職場のトップへと出世することは許されたものの、それは社会の階層秩序構造の廃止ではなく、階級構造に根ざした「多様性」が目指されているだけ、という指摘である（Fraser 2017b=2021: 28）。

　そして「確固たる平等主義的な分配の政治（a robustly egalitarian politics of distribution）を、実質的に包括的で階級に配慮した承認の政治（a substantively inclusive, class-sensitive politics of recognition）へと結びつけることによってのみ、現在の諸々の危機を乗り越えてより良い世界へと私たちを導きうる対抗ヘゲモニー陣営を構築することができる」（Fraser 2017b=2021: 45）という。

　だが福祉国家が揺らぎ、社会と周縁部との境界線がぼやける「降格する貧困」の時代においても、実際に再分配と承認の正義を追求するのは困難を極める。それは冒頭にも述べたようにホームレスの人々を自己責任と切り捨てる風潮を見ても明らかである。ではどのように再分配と承認の正義の両者を射程に入れた活動はなされうるのだろうか。本書では、ホームレスの人々と市民とが集うストリート・ペーパーをフィールドに対抗的公共圏という理論枠組みを用いてこの点について考察を試みるが、その際注意すべきことがある。

　それは、近年ホームレスの人々を支援する活動は多くのNPOや社会的企業

序章　ホームレスの対抗的公共圏の可能性を探るために　21

によって担われており、それらが目指す「包摂」が多くの場合意図せずに「コミュニティを通じた統治」（Rose 1996）となったり、「新自由主義と共振」（仁平 2005）したりする可能性の指摘である。それではどのようにしてホームレスの人々と市民とは対抗性を保持しながら活動を生成・継続できるのだろうか。

　あらゆる局面において新自由主義的[4]な権力との結びつきや共振が指摘されている今日において、いかにその結びつきや共振を回避することができるかに焦点を当てることが、ストリート・ペーパーの対抗性を2020年代に考察する意義となるだろう。

　そのようにストリート・ペーパーにおいて、ホームレスの人々と市民という立場の違いをこえた関係性を考察する際に鍵と思われるのが、創発的連帯という概念である。以下では創発的連帯をめぐる論点をまとめる。

2.4.2　創発的連帯をめぐって

　本書ではホームレスの人々と市民という立場をこえた人々が活動する対抗的公共圏の可能性を追求しているが、アイデンティティに基づかない連帯をめぐっては、Butler（1990=1999）の「創発的連帯」がよく知られている。創発的連帯とは「定義によって可能性を閉じてしまうような規範的な最終目的にしたがうことなく、多様な収束や分散を容認する開かれた集合」（Butler 1990=1999: 44）であり、例えば「女」というカテゴリーに固定されたアイデンティティに基づいて連帯するのではなく、アイデンティティを要請することなく、その場その場に出現する（創発する）連帯の可能性を主張している。

　だがこの創発的連帯の批判として、生活論的視座が欠けているという指摘がある（松田 2004; 高谷 2009）。松田素二（2004）はケニア・ナイロビの事例から共同体の多層性を説く。そして共同体の3つの特徴として、1）共同体は歴史的条件のもとで生成され時代とともに更新される動的なものであること、2）共同体はその場その場で作られる創発的な産物ではなく、明確な境界と帰属アイデンティティを成員に要請するリアルな存在であること、3）明確な境界と

アイデンティティを再生産する一方で、その内実においてはかなりの程度の変異と流動性を継続的に創り出していることを挙げる。そして2番目の特徴から創発的連帯には生活論的視座が欠けていると批判している。

一方高谷幸（2009）もまた、非正規滞在移住労働者を支援する労働組合を対象として、そこで創発的連帯を礎とした対抗的公共圏が築かれるのは、「そこに来れば早く労災が認められて金銭の目処がつく」という成員の生活上の必要が大きな役割を占めていることを指摘する。

この点を踏まえながら、高谷（2009）はいかにして立場の異なる研修生と他の移住労働者の間に創発的連帯が築かれ、対抗的公共圏が立ち上がるかを分析している。

ここで高谷（2009）や Butler（1990=1999）が想定しているのは「女」や「労働者」といったあるカテゴリー内でのアイデンティティに基づかない連帯である。だが、福祉国家が揺らぐ「降格する貧困」の時代においては、例えば「労働者」と「失業者」というカテゴリーを架橋するような創発的連帯の可能性を検討する必要があるのではないだろうか。というのも第1章で詳述するが、Peter Miller and Nikolas Rose（2008）や渋谷望（2011、2017）らが指摘するように、新自由主義と共振している福祉国家においては「労働者」「失業者」ともに自己の能力を最大限に伸ばす努力をしないとその責任が個人に帰されるという傾向を帯びてきているからである。

新自由主義的な権力が「労働者／失業者」の区分を消し去る中で、いかにして「労働者」と「失業者」はそのカテゴリーを超えてともに対抗的な価値観を追求した活動をしていくことができるのかを探る必要性は増していると考える。

そこで本書においては、特にストリート・ペーパーに集いともに活動するホームレスの人々と市民という立場の異なる人々の出会いと協働とに焦点を当てて、どのように創発的連帯が築かれることによって対抗的公共圏が生成・展開していくのか、その可能性を考察していく。

序章　ホームレスの対抗的公共圏の可能性を探るために　23

3 調査方法

これまで述べてきたように、本書は2000年代に日本で立ち上げられたホームレス支援の社会的企業／NPO「ビッグイシュー日本」をフィールドに、ホームレスの人々と市民とがともにオルタナティブな価値を発信する対抗的な公共圏はいかにして生成・展開しうるのかを捉えることを目的とする。

そのため、当該団体で発信される言説と活動に分けて、調査・分析を進めていった。本研究における調査は、主に以下の2つからなる。

1つ目は、有限会社ビッグイシュー日本が発行する『ビッグイシュー日本版』の誌面分析である。誌面分析は、次の2つの調査からなる。

1）2003年から2019年にかけて掲載された販売者のライフストーリーのコーナーである「販売者に会いにゆく」（381号までは「今月の人」）と「読者投稿欄」の誌面分析を行った。

ホームレス状態に陥る要因や解決策は専門家など第三者によって分析され、社会において「当たり前」と考えられており支配的な言説であるマスター・ナラティブ（桜井2002：36）や、ある組織・コミュニティ内で自明視されている言説であるモデル・ストーリー（桜井2002：105）が形づくられることが多い。だが「販売者に会いにゆく」では『ビッグイシュー日本版』を販売しているホームレス当事者が、自身のホームレスに至る過程や今後の展望について語る。そのため彼ら自身が何を問題視し、どのような解決策を求めているのかを探ることができる。

また「読者投稿欄」に意見や感想を寄せる読者は、ビッグイシューの活動に対して好意的という限定つきの市民ではあるが、そこからホームレスの人々の声にどのように市民が反応するかを知ることができる。この「販売者に会いにゆく」と「読者投稿欄」をあわせて分析することで、ホームレスの人々と市民がともに社会提言していくような道筋がどのように生成・展開するのかを分析する。

2）2003年から2019年の「販売者に会いにゆく」で掲載された海外の販売

者、特に EU と米国の販売者のライフストーリーの誌面分析を行った。「降格する貧困」の時代に突入している EU、米国、日本においては、包摂策においてホームレスの人々に「自立」を要請している（第1章参照）。そこで特にこの調査では「降格する貧困」の時代を生きる欧米のストリート・ペーパー販売者のライフストーリーに着目して、そこに現れる対抗的な自立観や新たな社会構想の芽を確認する。そして、国内の販売者のライフストーリーとの比較を通して、各国の「降格する貧困」の様相の共通点と相違点を見出す。

　調査の2つ目は、ホームレス状態にあるビッグイシュー販売者やともに働くスタッフ、読者である市民などの関係者への聞き取り調査と参与観察を行った。それにより実際にどのような日常的実践に依拠して対抗的な価値観が生み出され共有されて活動が維持されているのかを考察する。

　販売者10人と関係者50人への聞き取り調査は2017年から2022年にかけて、また参与観察は主に関西の販売場所10ヶ所を拠点に2017年から2022年にかけて行った。そして雑誌販売を通して公共空間において互いに出会うことが、どのように読者である市民とホームレス状態にある販売者の意識を変容させたかを追跡した。その調査結果を元に、その意識の変容はどのように対抗的公共圏を生成・展開する契機となりうるのかを考察していく。

4　本書の構成

　本書の構成は以下の通りである。まず第Ⅰ部では、日本のホームレスの人々をめぐる現状を把握するため、福祉施策やマスメディアにおける表象を確認する。

　第1章においては、「降格する貧困」の時代にある EU、米国、日本でどのようなホームレスの人々への包摂策が展開されているのかを確認する。2.3 で述べたように Paugam（2005＝2016）は主に欧州での調査に基づいて、貧困の基本形態を「統合された貧困」「マージナルな貧困」「降格する貧困」と類型化した。そして各類型下で貧困の表象や人々の間の紐帯のあり方が異なることを

指し示した。彼の理論は日本のホームレスをめぐる状況にも当てはまるのであろうか。その様相はEU、米国、日本と地域の差をこえてどのような共通点があるのかを知るため、各国の福祉施策とホームレスの人々への包摂策の変遷を追う。

　続く第2章においては、日本において社会がもつホームレスの人々へのイメージがどのような変遷を遂げてきたのかを知るために『朝日新聞』におけるホームレス表象を分析した。その際、社会状況によりホームレス表象がどのように変容するのかを捉えるため3期に分けて分析する。

　第Ⅱ部では、ストリート・ペーパーの対抗性を言説レベルで分析する。そのためにまず、第3章では、本研究の対象であるストリート・ペーパーがどのような経緯で誕生したのかをまとめ、先行研究についても検討する。そしてストリート・ペーパーを対抗的公共圏として検討する意義を確認する。

　第4章においては、社会の持つホームレスイメージやマスメディアにおけるホームレス表象に対して、どのようにストリート・ペーパーが対抗してきたかを知るために、ストリート・ペーパーの誌面分析を行った。第3節で述べたように、日本のストリート・ペーパー販売者のライフストーリーのコーナーと読者投稿欄を合わせて分析することで、言説のレベルでどのように対抗的公共圏を生成・展開してきたのかを捉えることを目的とする。

　第4章では国内の販売者のライフストーリーと読者投稿欄との分析により言説レベルでの対抗的公共圏の生成と展開を捉えるが、続く第5章では、『ビッグイシュー日本版』に掲載された欧米のストリート・ペーパー販売者のライフストーリーを分析する。そうすることで、国内の販売者と欧米の販売者との語りを比較することができ、各国の「降格する貧困」の様相の共通点と相違点とを見出せるからである。ストリート・ペーパー販売者がどのような対抗的な自立観や新しい社会構想を語り、そこでの語りが対抗的公共圏においてどのような意味をもちうるのかを分析する。

　第Ⅲ部では、関係者への聞き取りと参与観察により、ストリート・ペーパーにおいてどのような日常的実践が行われ、それがどのようにホームレス状態経

験者と市民との間で対抗的公共圏が生成・展開する契機になったのかを考察する。

第6章では、ストリート・ペーパー販売場所での参与観察により、公共空間における雑誌売買を通じてホームレスの人々と市民とが出会う意味を考察する。また、市民がストリート・ペーパーという対抗的公共圏に関わるようになった契機を関係者50人への聞き取り調査から探る。

第7章では、販売者の「出戻り」という行為がストリート・ペーパーの包摂策を変容させた事例を取り上げる。この事例から、組織の包摂策を変容させる日常的実践が受け入れられるか受け入れられないかに、対抗性を保持しながら活動を続けていけるかどうかがかかっていることを確認する。

第8章では、ストリート・ペーパーで行われているクラブ活動に焦点を当てて、ホームレスの人々と市民とがともに余暇を楽しむことにある対抗性について考察する。

第9章では、販売者と市民との間の「呼びかけ」と「応答」という日常的実践の事例を取り上げ、他者の「傷つきやすさ／vulnerability[5]」に応答し責任を引き受ける関係性からどのような新しい社会構想が立ち上がるのかを見ていく。

終章ではストリート・ペーパーの言説分析、聞き取り調査、参与観察の分析結果をまとめながら、いかにして「降格する貧困」の時代において立場の違うものの間で対抗的公共圏が生成・展開しうるのかについて考察を深める。

注
1) 社会的企業で、ストリート・ペーパー『ビッグイシュー日本版』の発行を担う有限会社ビッグイシュー日本は2003年に設立された。その後2007年に販売者以外のホームレスの人々の支援も行う認定NPO法人ビッグイシュー基金が設立された。この両団体をあわせて「ビッグイシュー日本」と表記する。個別に言及する場合はそれぞれの正式名称を使用する。
2)「社会モデル」に関しては、飯野由里子・星加良司・西倉実季（2022）が詳細に分析を行っている。
3)「再分配」と「承認」に関する主要な論争としては、Butler（1997）とFraser（1997a）

によるものや、Honneth と Fraser によるもの（Fraser and Honneth 2003=2012）などがある。Fraser（2017a）においてはまた、資本主義の問題点への考察も深めており、社会的再生産、自然、公的権力を軸に論を展開している。

4) David Harvey（2005=2007: 10）によると新自由主義とは、「強力な私的所有権、自由市場、自由貿易を特徴とする制度的枠組みの範囲内で個々人の企業活動の自由とその能力とが無制約に発揮されることによって人類の富と福利が最も増大する、と主張する政治経済的実践の理論」である。本書ではこの定義に則って「新自由主義」という語を用いる。

5) vulnerability に関しては「傷つきやすさ」「可傷性」「被傷性」など学術分野によっても訳語が異なるが、本書では岡野八代（2012）を参照し、基本的に「傷つきやすさ」で統一している。だが引用部分は訳語に忠実に引用する。

28

第Ⅰ部
ホームレスの人々をめぐる状況の変遷

第1章
福祉国家の変容と EU、米国、日本のホームレス施策

1　福祉国家の変容

　本章では「降格する貧困」の時代にある EU[1]、米国、日本でどのような人々がホームレス状態に陥っているのかという実態の確認と、ホームレスの人々に対してどのような包摂策が展開されているのかを見ていくが、その前にその前提となる福祉国家の変容について確認しておきたい。

　David Garland（2016=2021）によると、福祉国家は 1970 年代以降 2 つの展開を見せたという。1 つは 1970 年代以降の経済危機への応答としての新自由主義からの猛攻撃である。そしてもう 1 つが 1960 年代後半から 1970 年代にかけて先進資本主義諸国が脱工業化社会（Bell 1973=1975）へと移行する中で、福祉国家が適応しようと改革を進めてきたことである。

　まず、1 つ目の展開に関して見ていきたい。1970 年代の低成長と高失業を経て、欧米諸国では 1980 年代には福祉国家の危機が声高に叫ばれるようになった（武川 1996）。戦後期の目覚ましい経済成長の後に残されたのは、今後経済的余剰を享受できる層は狭い範囲にならざるを得ないという認識で、以降 OECD は 1980 年代末から 1990 年代初頭にかけて「福祉国家から能動的な（活力ある）社会へ」という方向転換を盛んに提唱してきた（OECD 1990）。特に英国のマーガレット・サッチャー首相、米国のロナルド・レーガン大統領らは国家衰退の要因を福祉国家に求め、社会歳出を削減させる新自由主義的な政策に舵を切った。

2つ目の展開に関しては、脱工業化社会へと移行する中で、完全雇用の男性稼ぎ主モデルから非正規雇用を中心とした不完全雇用と共稼ぎモデルへの移行を迫られた点にある。20世紀型の工業化社会では「古い社会的リスク」である世帯主の所得喪失に対処していればよかったが、21世紀型の脱工業化社会においては個々人の所得の喪失とケアの危機という「新しい社会的リスク」に対処する必要があった。

このような2つの展開の先に福祉国家に続く社会構想として議論が交わされているのが社会的投資戦略である。濱田江里子・金成垣（2018:12）によると、英国の新自由主義的な福祉改革の展開に対し、大陸ヨーロッパではこれまで築いてきた労働者の保護や手厚い福祉に代わり、なおかつ新自由主義に傾倒しない新しいヨーロッパ社会のモデルを模索する動きが1980年代中頃より強まったという。

そのような背景もあり、その後ヨーロッパ諸国を中心に議論が展開されている社会的投資戦略には2つの異なる社会ビジョンが混在する（濱田・金 2018: 17）。1つは伝統的な社会民主主義に基づいて、社会的な保護と投資の両方の必要性を説く路線であり、もう1つは人的資本への投資による機会の平等の保証を重視する「第三の道」の路線である（濱田 2014）。

前者はデンマーク出身の社会政策学者 Gøsta Esping-Andersen が主導し、教育訓練や就労支援といった人々を労働市場へと促す政策は従来福祉国家が行ってきた補償的な政策に置き換わるものではないといい、個人の能力を伸ばすことを重視する政策が従来型の所得保障を代替できるというのは短絡的な楽観主義だという（Esping-Andersen 2011）。一方、後者はトニー・ブレア政権のブレーンだった社会学者 Anthony Giddens によって率いられてきた。すべての人に平等に機会を提供した後に、結果として不平等が生じるのは仕方ないとし、失業手当といった補償的な政策は非生産的な支出だとした（Giddens 2003）。

このようにポスト福祉国家の社会構想は2つの方向性が拮抗している。そこで「降格する貧困」の時代に突入している EU、米国、日本において、この拮抗がどのように立ち現れ、福祉国家がどのように変容していっているのか、ま

たその下にあるホームレス施策にはどのような特徴があるのかを確認したい。その上で、このような福祉国家の変容やホームレス施策の特徴に対して、これまでどのような批判がなされてきたのかを見ていきたい。

そのためにまず次節以降では、EU、米国、日本のホームレスの人々の実態を確認した後に、各地域の福祉・ホームレス施策の変遷を追い、それぞれに対する批判をレビューする。

2 EU におけるホームレスの実態と福祉・ホームレス施策の特徴

2.1 EU のホームレスの実態

前述したように日本の特措法の「ホームレス」はいわゆる野宿者をさすが、欧米諸国ではその定義よりもより広い概念として「ホームレス」という言葉が用いられている。

英国の「homeless people」、ドイツの「Wohnungslose」、フランスの「Sans-abri」または「Sans-domicile-fixe（SDF）」はいずれも路上生活者のみならず、安い民間の宿に泊まり続けている人、施設に滞在している人などを含んでいる（中村 2003a）。

OECD（2021）は 2020 年時点で入手できた最新のデータによるホームレス数を公表しているが、それによると英国は 2020 年にイングランドで 28 万9800 世帯、ドイツは 2018 年に 33 万 7 千人、フランスは 2012 年に 14 万 1500人となっている。

厚生労働省が毎年公表している「ホームレス」数は 2022 年には 3,448 人となっており、EU 各国が桁違いに多いように思えるが、これは上記のような定義の違いによる。

後述するように EU 圏内のホームレス施策はホームレスという用語の定義も国によってまちまちであり、ホームレス対策の法的根拠もイギリスでは住宅法、ドイツでは社会扶助法があり、フランスでは複数の法で対応するなど多様

第1章　福祉国家の変容とEU、米国、日本のホームレス施策　33

である。各国の実態をすべて網羅することは不可能なため、本項では代表的な英国、ドイツ、フランスのホームレスの人々の実態を確認しておく。

中山徹（2002）によると、英国では1970年代から「ホームレス問題」が大きな社会問題として取り組まれてきており、1977年の住宅法によってホームレス対策の法的根拠が確立した。80年代後半になると、住宅法の定義から漏れがちな野宿者（Rough Sleeper）の存在が顕在化し、ブレア政権下の1999年に野宿者対策ユニット（Rough Sleepers Unit）が設立された。

そのためイングランドの野宿者数は1998年に1,985人だったのが2001年には532人に減った（中山2002）。だが2010年代に入ると上昇し続け、2010年に1,770人だったのが、2017年には4,750人に達した。その後2018年3月に「Rough Sleeping Initiative」と呼ばれる1億1200万ポンド規模の野宿者削減のための施策が採用されると統計上では減少し、2021年には2,440人となっている（U.K. Government 2022）。

野宿者は2021年の統計によると86%が28歳以上で、85%が男性となっている。また英国出身が67%、EU諸国出身が20%である（U.K. Government 2022）。一方、住宅法に基づく法定ホームレス（statutory homeless）は2017年〜2018年にかけてイングランドで56,580世帯いたが、62%が白人、14%が黒人である（U.K. Government 2018）。

住宅法では法定ホームレスの人々に住居を確保することを義務づけているが、1990年代と比べると2010年代に入り野宿者、法定ホームレスともに増加している（Crisis UK 2012）。英国でホームレス支援を行うチャリティ団体Crisis（2022）によると、その背景には福祉予算削減、住宅価格高騰、不安定な雇用状況や破綻した家族関係などがあるという。

女性はDVなどにより家を追われることもその一因となっており（中村2003c）、賃金が男性の5分の4であり、パートタイムの90%が女性であるため、民間住宅市場での住宅取得が困難であることが指摘されている（Watson 1999）。また、出所後や従軍後に帰る家がない人も多い。一方で統計に現れないホームレスの人々の存在も指摘されており、ロンドンに限って言えば10人

に1人が「隠れたホームレス」状態を経験したという（OECD 2020）。

ドイツにおいては、日本の生活保護法に相当する連邦社会扶助法（BSHG）がホームレス状態の人々の生活支援の中心的役割を果たしている。「ホームレス生活者扶助連邦協議体」が1992年以降ドイツ全体のホームレスの人々の推計値を発表しているが、1994年には88万人だったのが、2000年には50万人となっている（中村 2003d）。

ホームレス状態の人々に占める移民の割合は年々増加しており、2002年上半期にベルリンのホームレスの人々向けの施設を利用した人に占める移民の割合は25%に達した。女性の割合も増加しており、その背景に離婚率の増大があるという（BAG-WH 2000）。またホームレス状態に陥った原因としてアルコールや薬物などの依存症を挙げる人が多いことも指摘されている（Bundesregierung 2001）。

Feantsa（2017）によると、2010年代に入るとホームレスの人々の数は増加傾向にあり、特に移民や女性、家族でホームレス状態に陥る人の数が増えている。ドイツ国営の国際放送事業体「DW」によると、その背景には安定した住宅供給がなされていないことが一因としてあるという（DW 2019）。

Feantsa（2017）はまた、2016年には86万人がホームレス状態にあり、そのうち44万人が難民であるという。86万人のうち難民44万人を除く42万人の中で27%が女性、子どもや未成年者が8%、男性が73%である。2014年と2016年とを比べると、単身者は23万9千人から29万4千人と22%増加したのに対し、家族でホームレス状態に陥っている人は31%増加している。

次にフランスの状況を見ていきたい。フランスにおいては、1970年代半ばにフランス人の10人に1人、または5人に1人が貧困に陥っていることが報告された（Lenoir 1974; Stoléru 1974=1981）。この「貧困の発見」により、住宅社会保護施策の見直しが提起され、社会扶助においても今日に続く宿泊所社会扶助制度を規定した1974年11月19日法が制定された。フランスには長期で常態化した野宿者がわずかであると言われるのは、この1974年法によるところが大きいとされている（都留 2003）。

第1章　福祉国家の変容とEU、米国、日本のホームレス施策　35

都留民子（2003）によると、野宿者には35歳までの若年成人が多く、彼らには住宅の保障ではなく、宿泊施設しか用意されていない。1995年に国立人口問題研究所（INED）が行ったパリ調査によると（Marpsat et Firdion 2000）、性別は男性83%、女性17%、出生地が外国である男性が40%、女性が49%、生育期の家族問題を抱えている人が男性の20%、女性の22%となっており、学歴も総じて低くなっている。

　2010年代以降の状況はどうだろうか。フランス国立統計経済研究所（INSEE）とINEDが2012年に行った調査によると、2001年に9万3千人とされていたホームレスの人の数が2012年には14万1500人となった（INED 2015）。

　そのうち38%が女性で、55%の人々がフランス以外で生まれている。フランス以外で生まれた人々は子連れが多い。年齢層は30〜49歳が50%、18〜29歳が27%、50歳以上が23%だった。またフランス語を話すホームレスの人々のうち、4分の1は定期的に働いていたが、主に単純労働に従事し、経済的に不安定だった。

　ここまで英国、ドイツ、フランスの状況を見てきたが、ホームレスの人々の実態は時の政策や福祉施策などの影響を受けており、EU圏内においても多様である。一方でEuropean Commission（2021）は、ホームレス状態に陥る原因として、失業や貧困、移民、年齢、健康状態、関係性の消失、住宅政策などを挙げており、これらの要因が複合的に重なって、ホームレス状態を誘発している。

　次項ではホームレスの人々の実態にも大きな影響を与えているEU圏内の近年の福祉・ホームレス施策の特徴を確認していく。

2.2　EUの福祉・ホームレス施策の特徴

　EUにおいては戦後、国家による完全雇用と社会保障政策を組み合わせた「ケインズ型福祉国家」が展開されていたが、高度成長期が終わると、その「非効率性」や「福祉依存者」を増やしているという批判が増し、市場原理の

徹底を追求した改革の必要性を主張する勢力が強まった（濱田・金 2018）。

2000 年にリスボンで行われた欧州理事会では「人々に投資し社会的排除と闘うことで、欧州社会モデルを近代化する」ことが明言され、「受動的な」所得の再分配政策だけではなく、人々の「雇用確保力」や「適応能力」を高める「能動的な福祉国家」を目指す方向性が示された（中村 2003b）。

リスボン戦略の後を継ぐかたちで、2010 年 3 月には「欧州 2010——知的で持続可能で包摂的な成長への欧州戦略」が、また 2013 年には「成長と結束のための社会的投資」が発表された。ただ、前節で述べたようにこの社会的投資戦略には 2 つの異なる社会ビジョンが混在しており、特に「第三の道」に関して多くの批判が寄せられている。

「第三の道」に特に顕著なのが、福祉国家のもとで形成されてきた「依存文化」を脱却する必要性を強調する点である。トニー・ブレア政権のブレーンである Giddens（1998=1999: 100-170）は、「活力ある市民社会」は「『責任あるリスク・テイカー』からなる社会」という。

ブレア時代の英国福祉政策の主要な特徴の 1 つが失業者に積極的な求職活動をさせる「ワークフェア（勤労福祉）」だが、「ワークフェア」政策が失業者に求めるのは積極的に求職活動をし、どんな求人案内が届いても受け入れること（Dwyer 2004）という指摘もある。結果、社会学者の Jamie Peck は「ワークフェアは無職の人に職を生み出すのではなく、誰もやりたがらない職につく労働者をつくりだした」（Peck 2001）という。

このウェルフェア（福祉）からワークフェア（勤労福祉）への移行は様々な形をとって西欧全体に広がっており、それは例えば、スウェーデン、デンマーク、ドイツ、オランダ、フランス、イタリアなど福祉レジームの違いを超えて様々な国で実施されてきているという（Lødemel and Trickey 2000）。

そうした流れの中で近年の福祉国家の変容の大きな特徴の 1 つが、多くの西欧諸国において失業手当や他の基本的な現金扶助プログラムを受ける資格のある市民により厳しい条件が課せられるようになったことだという（Clasen and Clegg 2007）。多くの国々で失業手当の給付額を市民の職歴に連動させること

を強化しており、その結果、「責任ある」行動をとってきたかどうかによって失業手当の受給が大きな影響を受けるようになった（Mounk 2017=2019）。「福祉国家は、市場で成功する能力とは無関係に基本的な社会的ミニマムを市民に請け合う領域ではなくなり、重要な点で、市場の責任追随的性質を反映しはじめた」と Yascha Mounk（2017=2019: 85）は指摘する。

　そのような福祉国家の責任追随的性質は、主体のあり方にも影響を与え始めている。齋藤純一（2000: 78）は Nikolas Rose を引用しながら、人々は自己自身の「起業家（アントレプレナー）」たること——自己という「人的資本」を緩みなく開発し、活用すること——を求められ始めたと説く。国家による統治は能動的な個人による「自己統治」とコミュニティやアソシエーションなどの中間団体による「コミュニティを通じた統治」（Rose 1996）によってなされていき、「そうした自己統治を積極的に鼓舞し、促進するという形態をとるようになる」（齋藤 2000: 79）という。

　そのような枠組みにおいては、Miller and Rose（2008: 96-9）や渋谷望（2011、2017）らが指摘するように、労働者／失業者の区別は消えることになる。渋谷（2017: 33）によると、「たとえば失業者は無条件で失業給付を受けるのではなく、積極的に求職活動をするなど自己の存在を資本化することを通じて、自身の経済的統治におけるエージェントであることが条件として求められる。他方、雇用されている労働者も、自己の技能、能力、アントレプレナーシップをいっそう高めることが期待される」のである。

　そして「労働者／失業者は、ケインズ主義的福祉国家が前提とするような、企業と敵対しつつ妥協点を見出すような主体ではなく、彼ら自身が何らかの投資をし、それによって所得を得るようなミニ『企業』とみなされるようになる」（渋谷 2017: 34）という。 Miller and Rose（2008: 97）はこうした人間（主体）モデルを「アントレプレナー的個人」と呼び、新自由主義と共振した社会投資国家においても、コミュニティによる統治を通じてこのような主体を生産・強化するという。

　近年では、この社会的投資戦略の下に、ホームレス施策も位置づけられてい

る（European Commission 2021）。EU 圏内のホームレス施策はホームレスという用語の定義も国によってまちまちであり、前述したようにホームレス対策の法的根拠もイギリスでは住宅法、ドイツでは社会扶助法があり、フランスでは複数の法で対応するなど多様である。本節では、その 1 つひとつをつぶさに見ていく余裕はないが、大きな流れを見ていきたい。

　これまでフランスとドイツではホームレスの人々のみを対象とした法律は市民の分断を招くとして、一般的な社会保障や労働市場政策を通してホームレス状態に陥った人々を支援してきた（中村 2003b）。一方でイギリスは 1996 年の保守党のメージャー政権において失業給付と所得補助を統合した求職者手当（Job Seeker's Allowance: JSA）を導入し、「就労可能な者／不可能な者」や「救済に値する者／値しない者」という政策上の区分がなされるようになった（小玉 2003）。そして、その後のブレア政権下でワークフェアが導入され、その影響がドイツ、フランスを含めた EU 圏内に及びつつあるのは前述のとおりである。

　英国ではさらに 2013 年 4 月に福祉制度改革の目玉としてユニバーサル・クレジットが導入された。平野寛弥（2022）によるとこれには 2 つの目的があるという。1 つ目は、従来の稼働年齢層向けの 6 つの所得保障制度を統合し、単一制度による所得保障を展開するという制度の簡素化である。それとともに、福祉給付というよりも就労促進の制度であることが強調されており、労働意欲の喚起という 2 つ目の目的があるという。このように英国においては、福祉給付に付帯する条件が人々に行動変容を迫るものへと移行しており、各国への今後の影響も示唆されている。

　本節では、EU 圏内全体の趨勢として「能動的な福祉国家」を目指す方向性が示されており、失業者に積極的な求職活動をさせる「ワークフェア」が福祉レジームの差異を超えて広がりを見せ、個人がたゆみなく自己の能力を伸ばす努力をしなければその責任を帰されるような傾向を帯びてきていることを確認しておきたい。

3 米国におけるホームレスの実態と福祉・ホームレス施策の特徴

3.1 米国のホームレスの実態

　前節では EU の状況を確認してきたが、本節では米国の状況を確認する。OECD（2021）によると、2020 年の米国におけるホームレスの人々の数は 58 万 466 人となっている。

　米国では、1950 年代〜 60 年代にはホームレスの人々の大半が単身男性でスキッド・ロウと呼ばれる日雇い労働者が集まる寄せ場のような地域に暮らしていたとされる。だが、1980 年代になると、単身女性、子連れの女性（母子家族または女性世帯主家族）や黒人、ヒスパニックなどのマイノリティ層が増加していったという（平川 2003）。

　平川茂（2003）によると、1980 年代前半における連邦政府の取り組みは「緊急シェルター」の確保・運用と食料の供給に限定されたものであったが、「ホームレス問題」が深刻化するにつれて、1986 年になると「ホームレス生活者のための緊急救援法」、通称「ステュワート・B・マキニー・ホームレス支援法（以下、マキニー法）」が制定された。

　「全米ホームレス支援サービス提供組織およびその対象者調査（NSHAPC）」が 1996 年に実施した調査によると、ホームレス状態で暮らしている人々は男性が 68%、女性が 32%。ただし単身者では男性が 77%、女性が 23%、家族でホームレス状態に陥っている人たちでは男性が 16%、女性が 84% であった（ICH 1999）。エスニシティは白人 41%、黒人 40%、ヒスパニック 11%、ネイティヴ・アメリカン 8%、そのほか 1% となっており、米国全体のエスニシティ構成と比べると黒人とネイティヴ・アメリカンの比率が高くなっている。年齢は 25 〜 44 歳の割合が高く、結婚経験のない人が 48%、学歴が高卒までが 62% だった。また、ホームレス状態の継続期間が長期にわたる人の割合が高く、5 年を超える人も 20% いる。また退役軍人の割合は 23% と米国全体の構成と比べて相当高い。アルコール・薬物問題で何らかの治療を受けたことが

ある人もそれぞれ 26%、25% いた。

　米国の 2010 年代以降の状況はどうであろうか。米国住宅都市開発省（HUD）によると、ホームレスの人々の数は 2010 年に 64 万 9917 人（HUD 2010）、2015 年に 56 万 4708 人（HUD 2015）、2020 年に 58 万 466 人（HUD 2020）となっており、2017 年からは 4 年連続で人数が増えているという。

　HUD（2020）によると、58 万 466 人のうち 39% が野宿状態にあるという。また 17 万 2 千人の人々が子連れでホームレス状態を経験している。人種は白人 48%、黒人 39%、ネイティヴ・アメリカン 5% となっており、それぞれ人口比 74%、12%、1% と比べると黒人、ネイティヴ・アメリカンの割合が高い。

　このようにホームレスの人々が増え続けている要因として、全米ホームレス連合（National Coalition for the Homeless 2022）は、安定した生活ができる雇用機会の不足と公的扶助の減少を理由として挙げている。

3.2　米国の福祉・ホームレス施策の特徴

　米国においても 1980 年代に福祉依存を悪とする特有の言説が生まれた。Charles Murray（1984）は貧困の原因は「気前良すぎる」福祉国家に貧困層が「依存している」からであると説き、「アンダークラス」という言葉を広めた。また Rawrence Mead（1986）は、福祉受給者に労働倫理を身につけさせるためのパターナリスティックな国家の必要性を説いた。そしてよく知られているように時のレーガン大統領によって新自由主義的な政策がなされ、社会福祉は縮小の一途をたどった。

　1996 年にはクリントン政権時に「自己責任・就労機会調整法（PRWORA）」が成立し、扶養家族にあたる児童やその親を支援する連邦プログラムは廃止され、州の運営するより限定的な「貧困家族一時手当（Temporary Assistance for Needy Families: TANF）」に取って代わられた。新たな福祉制度は「（より一層の）自己責任を求めるもの」（Loprest, Schmidt and Witte 2000）となり、現在ほとんどの州が受給者に求めるのは、福祉受給が契約であることを強調する自己責任プランに署名することで、給付は受給者が一定の活動を行うと

いう制約と引き換えに提供されるという。

　一方米国のホームレス施策は、前述の「マキニー法」に基づいて関係省庁から各種プログラムが提供されている。1990年代になると緊急シェルターによる収容から、路上からの脱出を促進する方針が打ち出されたが、その際に問題になったのも「就労可能な者」「就労不可能な者」に分類し、前者に対してのみ「自立」につながるようなサービスを提供する「選別」である。特に、要扶養児童家族扶助（AFDC）を受給していた母子家族の母親に対してこのような「選別」が行われていたという（平川 2003）。AFDC は 1997 年以降前述の TANF へと移行したが、援助を受けて 2 年以内に仕事に就く必要があるなど、就労自立が織り込まれている（U.S. department of Health and Human Services 2021）。PRWORA 法案以降、成人の受給者は生涯で最大 5 年間 TANF から給付を受けられるが、それと引き換えに提供された仕事に迅速に就くことが求められる。

　このような施策に織り込まれた自立観に関しては、主にフェミニスト研究者や社会学者などから多くの批判が上がっている。鈴木宗徳（2015）は、育児＝ケア労働を正当な労働として認めず、「賃労働による自立」のみを自立と呼ぶ考え方を歪んだ自立観という。そして、シングルマザーには、1）勤労倫理にもとづく福祉依存からの自立、就労の強制、2）男性配偶者への経済的依存は奨励という相矛盾する自立が押しつけられているという。

　Fraser（1989）はまた、一見ジェンダー中立的に見える社会政策が、実はいかにジェンダー化されているかを指摘している。そして「『依存』はより正確には、子育てと家事という女性の無償労働を当てにする、父親にこそ顕著な特徴である。『依存』は、子育てや家事、そして（なんらかの方法で）お金を稼いでくること、それらすべてを行うシングル・マザーの特徴では決してない……養護や介護の価値が認められ賃金を支払われるとき、依存が口にしてはならない言葉ではなくなる。そして相互依存が規範となるとき、その暁にのみ、私たちは貧困を減らすことができるだろう」（Fraser 1997b=2003: 217）と語る。

近代社会においては、家族の中に依存が隠蔽されてきたおかげで個人と家族の自律・独立・自活の神話が栄え、永続化されてきた（Fineman 2004=2009）わけだが、自分に依存せざるを得ない存在をケアする「依存労働」の価値が軽視されており（Kittay 1999=2010）、新たな社会構想として、「ケア」「相互依存」という概念を織り込んだ自立観も、特にフェミストたちにより志向され始めている。

4　日本におけるホームレスの実態と福祉・ホームレス施策の特徴

4.1　日本のホームレスの実態

　序章でも述べたように、日本においては 2002 年に成立した特措法に基づいて「ホームレス」が定義されており、「都市公園、河川、道路、駅舎その他の施設を故なく起居の場所とし、日常生活を営んでいる者」（第 2 条）、つまりいわゆる野宿者のことを指す。その数は年々減り続けており、2003 年に 25,296 人だったのが、2022 年には 3,448 人とされている（図 1）。

　だがインターネットカフェや漫画喫茶などで寝泊まりするいわゆる「ネットカフェ難民」の存在が報じられると、2007 年に厚生労働省が実態調査を行った。またその後、2014 年には「子どもの貧困対策の推進に関する法律」、2015 年には「生活困窮者自立支援法」が施行されるなど 2010 年代に入ると政策の上でも「貧困者」が多様化している。

　そのため本項では、以下の 3 期に分けて日本のホームレスの人々の実態を明らかにしていきたい。2002 年に特措法が施行され、野宿者が 2 万人以上存在した 2003 ～ 2006 年までを I 期、厚生労働省により「ネットカフェ難民」の実態調査が開始され、リーマンショックと相前後して「ホームレス」の若年化が見られた 2007 ～ 2013 年までを II 期、「子どもの貧困対策の推進に関する法律」（2014 年）、「生活困窮者自立支援法」（2015 年）が施行されるなど、政策の上でも「貧困者」が多様化した 2014 ～ 2019 年までを III 期とする[2]。

第 1 章　福祉国家の変容と EU、米国、日本のホームレス施策　43

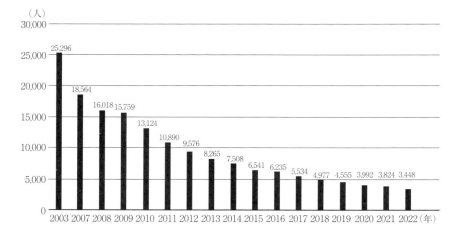

図1　日本のホームレス数の推移

(出所) 厚生労働省「ホームレスの実態に関する全国調査」より作成（2004年～2006年は調査が行われなかった）。

Ⅰ期においては、厚生労働省（2003）によるとホームレスの人々の数は2003年に25,296人で、男性20,661人（81.7％）、女性749人（3.0％）、不明3,886人（15.5％）である。2,115人から回答が得られた生活実態調査においては、平均年齢が55.9歳、野宿場所が「一定の場所に決まっている」人が1,819人（84.1％）、「一定の場所に決まっていない」人が267人（12.3％）となっている。直前職時の従業上の地位は最も多いのが「常勤職員・従業員（正社員）」で834人（39.8％）、「日雇」757人（36.1％）、「臨時・パート・アルバイト」291人（13.9％）である。

Ⅱ期に入ると、厚生労働省（2007、2011）によるとホームレスの人々の数は2007年に18,564人、2011年に10,890人であった。Ⅰ期と比べると減少しているが、これは野宿者をシェルターや自立支援センターへ入所させることで統計上の数字は減ることが背景として考えられる。

生活実態調査においては、平均年齢が57.5歳（2007年）と59.3歳（2011年）となっており、年々平均年齢が上がっている。一方で、路上生活をして5

年以上の人が 2003 年調査では 24.0% だったのが、2007 年調査では 41.4% と長期間野宿生活をしている人の割合が増加している。また直前職時の従業上の地位は「日雇」が 26.2%（2007 年）と 25.8%（2011 年）、「臨時・パート・アルバイト」が 19.4%（2007 年）と 25.8%（2011 年）となっており、2003 年調査と比べると「日雇」が減少し、「臨時・パート・アルバイト」の割合が増えている。

　一方II期においては「ネットカフェ難民」の存在が報じられたこともあり、厚生労働省職業安定局が 2007 年に実態調査を行っている。厚生労働省職業安定局（2007）によるとネットカフェ難民の人数は 5,400 人で 30 歳代〜 50 歳代など幅広い年齢層にわたっており、性別は男性 6 割に対し女性が 4 割であるとされた。この調査により、いわゆる野宿者だけを対象とした実態調査からは見えてこなかった若い人々や女性でホームレス状態にある人たちが可視化されることとなった。また雇用形態は非正規雇用が中心であるものの、失業者や正社員も見られたという。

　このようにII期では、野宿者においても従来の「日雇」だけでなく「臨時・パート・アルバイト」の割合が増すなどI期と比べるとプロフィールが多様化している。さらにネットカフェ難民など広義のホームレスの人々の実態調査からは女性が 4 割存在することが判明している。

　III期に入ると、厚生労働省（2017）によるとホームレスの人々の数は 5,534 人で、図 1 で示されているように野宿者の数は年を追うごとに減っている。その背景としては生活保護適用拡大の影響で生活保護によって野宿を抜け出す人たちが増えていることも考えられる。生活実態調査においては、平均年齢が 61.5 歳で、路上生活をして 10 年以上の人が 33.0% となっており野宿者の高齢化、長期化が顕著になっている。

　一方広義のホームレスの人々の実態は、東京都福祉保健局（2017）が 2016 年 12 月〜 2017 年 1 月にかけてネットカフェなどで実態調査を行っている。東京都の平日 1 日のオールナイト利用者概数は約 15,300 人とされ、利用理由が「現在『住居』がなく、寝泊りするために利用」の人が 25.8%。そのうち「不

安定就労者」は 75.8% だった。年齢は「30 〜 39 歳」（38.6%）が最も多く、「50 〜 59 歳」（28.9%）と続く。

このように、日本のホームレスの人々の実態はⅠ期においては日雇いで野宿をしている単身男性が圧倒的多数を占めたのが、Ⅱ期においては厚生労働省による統計上の「ホームレス」＝野宿者の数は減っているものの、ネットカフェ難民など広義のホームレスの人々の存在が明らかとなった。さらにⅢ期においては野宿者の高齢化と野宿生活の長期化が顕著になる中、東京都による広義のホームレスの人々の実態調査によって若い人々においても不安定な住環境で生きている人々が増加傾向にあることが指し示されている。

4.2　日本の福祉・ホームレス施策の特徴

前項で見てきたように日本のホームレスの人々の実態が変容を遂げる中、どのような福祉・ホームレス施策がなされてきたのであろうか。

日本においては、1990 年に入ってから、欧米先進諸国が 1970 年代に経験したような長期の不況に派生する諸問題に直面することとなった。

落合（2018: 111）によると、日本型福祉国家の分岐点は 1980 年代にあるという。時の中曽根政権は大平政権の打ち出した「日本型福祉社会」建設の方向を受け継ぎ、欧州型の福祉国家とは異なる方向を取ることを明確にした。落合（2018）は背景として、英国のサッチャー首相、米国のレーガン大統領が主導した新自由主義の高まりに同調する形で日本の福祉国家を育てる前に抑制する方向に舵を切ったこと、また同時に欧米諸国の後追いではなく日本独自の政策を打ちたいという欲望により福祉の担い手として家族の負担をより大きくする家族主義的政策を強化していったことを挙げる。

その後 1990 年代に経済が本格的に低迷化する中で、非正規雇用、単身者など従来のシステムに入れない人々の存在が可視化されていくことになる。

日本において「ホームレス対策」が自治体・国レベルで議論され始めるのはその 1990 年代の終わり頃からである。序章で見てきたように、寄せ場労働者が職を失い、野宿者として都市において顕在化する中で、1998 年頃より、

東京都（都市生活研究会 2000）や大阪市（大阪市立大学都市環境問題研究会 2001）など、自治体による野宿者実態調査が行われるようになった。また国によって関係省庁や地方自治体、有識者が集められ「ホームレス問題連絡会議」が開かれ、「ホームレス問題に対する当面の対応策について」が 1999 年 5 月に取りまとめられ、2002 年に特措法が施行されることとなった。

同法においては、野宿者が「就労する意欲はあるが仕事がなく失業状態にある者」「医療、福祉等の援護が必要な者」「社会生活を拒否する者」の 3 つに類型化され、類型別の対応策が示された。そして、第 4 条においては「ホームレスの自立への努力」が示されており「ホームレスは、その自立を支援するための国及び地方公共団体の施策を活用すること等により、自らの自立に努めるものとする」と記されている。

同法に関してはすでに多くの先行研究が蓄積されているが、「この自立は、就労自立のみを指すものであること」「この自立には脱路上が目指されており、野宿生活で築いてきた人間関係を手放すものであること」が特に批判されている。

1 点目に関しては、堤圭史郎（2010）が指摘するように、「労働による自立」という価値に立脚し制度化された自立支援センターは、「努力をめぐる競争」をさせ、きわどくも包摂可能か、もしくは排除すべき対象かを識別するための選別の機制として働く。山田壮志郎（2003）もまた、「就労による自立」一辺倒では、「そもそも、高齢や傷病などの何らかの理由で労働市場から退出を余儀なくされた人々を、そこへ再び戻していく」こととなり、「自ずと一定の限界がある」と指摘する。劣悪な労働環境しかないのに就労自立を促すことは、「労働市場への放り出し」（湯浅・仁平 2007）となりかねない。

また 2 点目に関しては、例えば阿部彩（2009）が、「もし自立支援センターに入所することによって、路上生活において蓄積された資産を失うのであれば、仮に入所が就労や福祉に結びつかずに再路上化してしまった際には、その野宿者は以前よりも路上生活が厳しくなるはずである」と指摘している。平川茂（2004）はまた、本人が野宿生活を続けたいと願っているならば、野宿しな

がらも自立支援センターを利用できるような施策の必要性を訴え、「見守りの支援」と呼んでいる。つまり「自立」に際して、長い時間をかけて築き上げてきた人間関係について考慮されるべきであるという。

このように日本のホームレス施策である特措法においても、その「自立」は就労自立のみを目指しており、これまで路上で築き上げてきた人間関係を手放すものであることが批判されている。

その後2007年ごろからワーキングプアやネットカフェ難民が社会問題化する中で、2013年には「第2のセーフティネット」と呼ばれる生活困窮者自立支援法が制定されるとともに生活保護の方は生活扶助基準の引き下げが行われ、就労自立の促進という「改正」がなされた。

堅田香緒里（2012）によると、近代的福祉国家においては「標準家族」には「保護」による包摂を、そこから逸脱する者には「取締り」による包摂を提供することで資本制的家父長制を維持／再生産してきたが、脱工業化社会において「家族」と「仕事」をめぐる状況が劇的に変容する中で「一般」政策と「特殊」政策の境界も曖昧となり、「取締り」の要素が染み出しているという。そしてその例が生活保護からの早期退出の促進や自立支援プログラムの導入なのだという。

一連の改正は社会福祉基礎構造改革に端を発しており、2000年に社会福祉法が改正されると、以降福祉の広範な領域において「自立支援」を掲げた施策・事業が展開されていった（堅田 2021）。それは具体的には若年者自立支援プログラム、ホームレス自立支援法、障害者自立支援法、母子世帯の自立支援策などである。このように社会福祉の目的が「保護」から「自立を応援すること」へ移行しており（堅田 2017）[3]、最終的には経済的な自立を目指すというあるべき市民像が投影されている。

新自由主義と共振した福祉国家におけるあるべき市民像とは、Cindy Horst（2020）が指摘するように、スリムな福祉国家を維持するために社会に積極的に参加する市民であり、その参加を下支えするアクティブな市民である。つまり関水徹平（2021）がまとめているように前者には福祉国家の再分配をなるべ

く受けないことを要請され、後者には多様なマイノリティの人々と地域で積極的に連帯し「包摂」することが要請されているのである。

5 まとめ

以上見てきたように、経済危機から新自由主義が台頭し脱工業化が進展するにつれて、EU、米国、日本のいずれにおいても福祉国家が変容を遂げ、ホームレス施策においてもその影響が及んでいる。

福祉国家を取り巻く諸問題は、実際には労働市場と家族が機能不全に陥っていることと密接に関連している（Esping-Andersen 1999=2000: 21）。だが、雇用がより不安定となり、個人化も含めて家族が多様化する中でリスクが直接個人に降りかかるにもかかわらず、「北米と西欧諸国の市民は主要な生涯リスク——失業、配偶者の死、退職、障害、出産、貧困から保護される範囲は明らかに縮小しつつある」と Mounk（2017=2019）は指摘しているが、日本においても同様の兆候が見られる。

見知らぬ他者との間に制度によって相互支援と連帯をもたらしていた福祉国家（Ignatieff 1984=1999）の危機により、多くの国々で「アントレプレナー的個人」として自己による統治が促され、労働者／失業者の別を超えて絶えず自己への投資を求められる。そしてその投資に失敗すると個人に責任が帰されるという市場の責任追随的性質がプログラムの相違を超えて現れ始めている。つまり福祉施策においては「自立」は就労によって自活することと意味の切り詰めが行われており、雇用者、失業者ともに「自立」のために絶えず自己への投資という「努力」が求められるが、その投資に失敗したものは責任を問われるという「自己責任」という規範が織り込まれているのである。

一方でそのような自立観は国内外の社会学者らによって指摘されており、単に施策への批判にとどまらず、米国のフェミニストたちのようにこれまで隠蔽されてきた「ケア」「相互依存」といった概念を織り込んだ新たな自立観を志向する動きも出ている。

それでは本書の研究対象であるストリート・ペーパーの現場では、そのような新自由主義と共振した福祉国家における自己責任の織り込まれた自立観に対抗したどのような自立観が共有されているのであろうか。ストリート・ペーパーも雑誌販売という仕事を通じてホームレスの人々を「包摂」し、市民がその「自立を応援する」と謳っており、それは Horst（2020）が批判した「良き市民像」と大差がないようにも見えるが実態はどうなのだろうか。

　そこで第Ⅱ部では、第3章で各国のストリート・ペーパーで展開されている包摂策を確認し、続く第4、第5章では日本のストリート・ペーパーである『ビッグイシュー日本版』に焦点を絞り、どのような自立観、ひいてはどのような新しい社会構想が誌面で語られているのかを言説分析を通して考察していく。

　その前提として続く第2章で、日本社会においてホームレスの人々へのイメージがどのような変遷を遂げたのかを把握するために『朝日新聞』におけるホームレス表象を分析する。

注
1) 英国は 2020 年に EU を離脱しているが、現在の福祉施策の基礎となる議論を牽引してきたため、本章では EU に含めることにする。
2) 次章以降での誌面分析等における区分と合わせるため、Ⅲ期は 2019 年までとした。
3) それぞれに関する具体的な批判については岡部茜（2021）、桜井啓太（2017、2020、2021）を参照のこと。

第2章
新聞におけるホームレス表象の変遷

1 ホームレス記事数の変遷

　本章では、『ビッグイシュー日本版』が創刊された2003年から2019年まで、社会においてホームレスの人々がどのように表象されてきたのかを探るために、新聞記事の分析を行う。新聞の発行部数は近年インターネットメディアに押されて下落を続けているが、関連のテレビ・雑誌などをもち、海外のメディアやSNSなどでも引用されることが多いためその影響力はいまだ大きい。そのため、新聞記事の分析をすることで、当時の社会が抱いていたホームレス像を知ることができると考えられる。

　図2は、2003年から2019年にかけて発行部数の多い『朝日新聞』『読売新

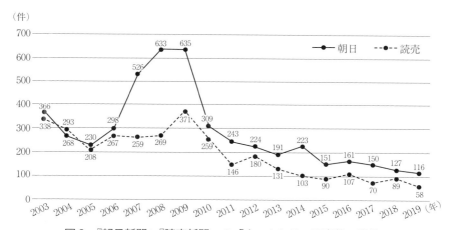

図2　『朝日新聞』『読売新聞』の「ホームレス」記事数の推移
（出所）オンライン記事データベース「聞蔵Ⅱ」「ヨミダス歴史館」における検索結果より作成。

聞』において「ホームレス」という語を含む記事の数の推移を示したものである[1]。

2004年以外は、いずれの年も『朝日新聞』が「ホームレス」関連記事の数が多くなっている。そのため、次節以降では「ホームレス」記事数の多い『朝日新聞』の内容を詳細に見ていくことにする。

具体的には、オンライン記事データベース「聞蔵Ⅱ」で2003年1月1日〜2019年12月31日までの「ホームレス」報道を検索し、第1章同様の区分で3期に分けてその特徴を抽出した。

確認のため再び記すが、2002年に特措法が施行され、野宿者が2万人以上存在した2003年〜2006年までをⅠ期、厚生労働省により「ネットカフェ難民」の実態調査が開始され、リーマンショックと相前後してホームレスの人々の若年化が見られた2007年〜2013年までをⅡ期、「子どもの貧困対策の推進に関する法律」（2014年）、「生活困窮者自立支援法」（2015年）が施行されるなど、政策の上でも「貧困者」が多様化した2014年〜2019年までをⅢ期とする。この3期に分けることで、施策、景気動向などにより新聞におけるホームレス表象がどのような変容を遂げるのかを捉える。

なお、今回の紙面分析の目的は「ホームレス」という語の質的差異の析出に重点を置いているため、計量的なテキスト分析ではなく記事の内容を詳しく見ていく質的分析を行った。そのために、各期ともにまず「客観的」とされる記事においてどのようにホームレスの人々が表象されているかを確認し、次に読者投稿欄である「声」欄における表象を確認した。

2　記事の分析

2.1　〈ハードな他者化〉──Ⅰ期

Ⅰ期（707件[2]）で目立つのは、ホームレス襲撃の事件報道（207件／29%）である。

例えば、2003年1月23日の朝刊には「ホームレスの男を殺人罪などで起訴

福岡地検／福岡」という見出しで、「路上の殺傷事件」の顛末が報道されている。

　「なぜ路上生活に陥ったのか」「これからどんな生活を展望していたのか」といった過去や未来にはここでは言及されず、「ホームレスによる路上の殺傷事件」という1点のみが切り取られて描かれる。それはまさに「複雑性や動機、合理性、能力を欠く客体」（Kristeva 1991）としての〈他者〉であり、速報性が求められる事件記事が意図しないところでホームレスの〈他者化〉を促している。

　また、2004年1月27日朝刊には「『十数人襲った』　路上生活者殺害容疑の少年供述　東京」という見出しで、「『ホームレスいじめ』と称して路上生活者十数人に暴行した」という少年たちの供述が報道されている。

　Homi K. Bhabha（1994＝2005）は、他者がイデオロギー的に構築される際にはアンビヴァレンスがステレオタイプの中核となるというが、I期の「ホームレス」表象においても「加害者となる危険人物」でありながら、「襲撃の被害者」ともなるというアンビヴァレンスなステレオタイプが確認できる。

　そのような「ホームレス」に対する〈他者化〉の言説は、報道だけでなく読者投稿欄にも見られる。例えば、2003年2月4日朝刊には、「道端の人救助、余計なことか」というタイトルで東京都の看護師（42歳）の投書が掲載されている。歩道に「ホームレスらしき方が横たわって」おり、助けようとすると、「浮浪者なんだからほっときな」と道行く人に言われたという。そこにあるのは、「彼ら」と「私たち」の間にある明確な境界線である。

　象徴的なのが2003年6月13日の「ホームレスとラジオ体操、ロープの境界　新宿・戸山公園」という報道だろう。公園に約250人が野宿しており、ラジオ体操を楽しむ市民から苦情が寄せられた。苦肉の策として、公園と警察署の名で「ここはラジオ体操の優先区域です」と札が立てられ、「体操優先区域」のロープが張られたという。

　このようにI期においては、公共空間におけるホームレスの人々と行政・市民との摩擦を報じるものも多く存在する。例えば、2004年10月9日朝刊には

「ホームレス立ち退き条例検討　東京都」という見出しで、「都立公園で寝泊まりするホームレスについて、受け入れ態勢を整えたうえで、立ち退きを求める条列改正を検討している」とし、「都建設局によると、ホームレスの居住禁止の明文化も検討しており、実施されれば全国初」と報じている。また、2005年1月12日朝刊には「ホームレスに名古屋市が撤去命令　白川公園の17人対象【名古屋】」とある。

　このような報道とともに、読者投稿欄においてもホームレスの人々を「占拠者」として表象するような投稿が散見される。2003年6月10日朝刊では、「幼い頃に比べ、変わった公園　若い世代（声）【名古屋】」と題し、14歳の中学生が投稿しており、幼少期に遊んでいた公園を久々に訪れた際の光景を描写している。

　　　公園へ足を踏み入れた瞬間、そんな私の目に映ったのは、青いビニールのテント、段ボールの山、ホームレスの人たちだった。
　　　公園には、私が遊んだ遊具、それに噴水もあったが、遊具は物干し代わりに使われ、子どもが遊ぶ場とは思えなかった。……
　　　ホームレスの人たちは全国に大勢いる。不景気で、その数は増えるばかりだ、とテレビで知った。家が無いから、公園で住むのは仕方がないが、公園を私が遊んだ時のままに維持して住んでほしいと思った。

「不景気で」と構造が描かれ、「家が無いから、公園で住むのは仕方がないが」と一定の理解は示されつつも、「青いビニールのテント、段ボールの山、ホームレスの人たち」が「異物」のように扱われ、公園が「子どもが遊ぶ場とは思えなかった」と嘆く声が採用されている。

　また、2006年2月3日朝刊においても、「（声）法を無視する彼ら守るとは」と題し、大阪の公園におけるホームレスの人々のブルーテントの行政側による強制撤去に関して、埼玉県の71歳の男性が憤って投稿している。

大阪で騒ぎとなっている、ホームレスに関する報道を見聞きし、気にな
　ることがあります。それは、ホームレスの人たちと、これに対応する行政
　を同列に置いていることです。ホームレス側に肩入れしているような報道
　さえあります。
　　強制的にテントを撤去され、この寒空に放り出される。ここだけ見れば
　「お気の毒に」とも思います。しかし、彼らを入れるだけの施設の設置も
　進んでいるそうですし、何より彼らは、公共の場所である公園を不法に占
　拠していたという大前提があります。

　この投稿においては「お気の毒に」と同情しながらも「何より彼らは、公共
の場所である公園を不法に占拠していたという大前提があります」と言い、そ
の「大前提」の前にある構造のいびつさは後景化している。
　このようにホームレス襲撃の事件報道や、公共スペースの占拠を報じる記事
において表象されているのは、「彼ら」と「私たち」の境界を侵すときにのみ
顕在化する「異人」としての「ホームレス」である。それは家父長制と資本
主義を礎とした福祉国家がうまく機能し、社会と周縁部との境界がはっきりと
あった高度成長期の時代の「ホームレス」像の名残とも言える。
　赤坂憲雄は、1982年の横浜浮浪者襲撃殺人事件に関して記した文章におい
て、「市民社会の地平から転落すること、それは市民にとって限りもなく想像
を越えたできごとである。境界を踏み越えてしまった浮浪者は、まさしく存在
的に異質かつ奇異なもの＝異人にほかならない」（赤坂 1991: 89）と表現して
いる。そして、「浮浪者がひとたび境界を侵し、内部をうかがうならば、かれ
らは即座に法と秩序という名の鎖で捕縛される」（赤坂 1991: 91）という。
　中根（1999: 79-80）によると、「ホームレス」という語がマスコミなどで使
用されるようになったのはバブル経済崩壊前後の頃からで、それまでは「浮浪
者」という語が使用されていた。だが寄せ場の労働組合や支援者グループなど
から「浮浪者」という表現の差別的な問題性が指摘され、次第に使用されなく
なったという。

第2章　新聞におけるホームレス表象の変遷　55

だが「浮浪者」から「ホームレス」と語は変わっても、人々の意識があまり変容していないことがⅠ期の新聞報道から見て取れる。

このようにⅠ期の新聞報道においてはいまだに高度成長期の名残があり、公共スペースの占拠から殺傷に至るまで様々な「事件」を通してのみ社会と接点をもつホームレスが暴力的に表象されている。これを〈ハードな他者化〉と名づけたい。

2.2 〈ソフトな他者化〉──Ⅱ期

Ⅱ期ではホームレス関連の報道数は急増し、「ネットカフェ難民」[3]「ハウジングプア」[4]「若年ホームレス」[5]と語彙も増える。

また、若年ホームレスの急増が「社会問題化」し、2008 ～ 2009 年の年末年始に年越し派遣村の様子が大々的に報道されると、「ホームレス」へのまなざしも変容を遂げる。例えば 2007 年 9 月 25 日の社説では「(社説) 新たな貧困層　知恵を出せば救える」と題し、ネットカフェ難民について「これまでのホームレスとは違う新たな貧困層が、じわりと広がっている」と述べる。そして国・自治体・民間からの支援を呼びかける。

それとともに、「普通の暮らし」をしていた過去と地続きで現在のホームレス状態という苦境を語り、未来を見据えるような記事も見られるようになる。例えば 2008 年 11 月 26 日朝刊の「32 歳、路上生活 4 度目　細切れ雇用、8 年転々　トヨタ系派遣、打ち切り　【名古屋】」という記事では、北海道出身の 32 歳の男性が、高校卒業後職を求めて故郷を後にしたものの派遣の仕事の合間に路上生活を繰り返す生活をしてきたことが明かされる。

同様に 2008 年 12 月 31 日朝刊には「(凍てつく街　世界不況) 37 歳、あいりん漂着　正社員捨て、次々職失う」という見出しで、2 年前は正社員だったという男性の半生が紹介されている。

それにともなって、読者投稿欄におけるホームレス表象も変容を遂げ、2008 年 12 月 11 日朝刊では「(声) 職失った人に温かい正月を　【名古屋】」という題で愛知県の 67 歳の女性が、

非正規社員の人たちが職場から追われています。その数は 3 万人を超え、住まいも失っています。これからますます寒さが厳しくなる時期だけに、それは悲惨です。

　今や 3 人に 1 人は非正規社員だと言われています。年代も若者から中高年までと幅が広いようです。「どうかホームレスにしないで」という悲痛な訴えを見過ごすことはできません。

　という。Ⅰ期の投書ではホームレスの人々に「お気の毒に」と同情する声はあったものの、公園を占拠するという行為を断罪するだけで、その前にある構造のいびつさは後景化していた。一方Ⅱ期においては若年者もホームレス状態に陥る中で、「今や 3 人に 1 人は非正規社員」と構造のいびつさを指摘する声が出始めている。

　2010 年 4 月 24 日朝刊にも「（声）若い世代　ホームレス救う施策考えて【大阪】」と 17 歳の兵庫県の高校生が「本当にお金がなくて生活もできないほどの人たちのために財源を使ってほしい」と政府に呼びかけ、2011 年 12 月 15 日朝刊には「（声）ホームレス支援に参加しよう」と 23 歳の東京都の学生が呼びかけるなど、ホームレスの人々が救済の対象として表象され始めている。

　Ⅰ期に見られた公共空間の占拠者というイメージも変容を遂げる。例えば 2009 年 4 月 3 日朝刊では「（声）使われてこその図書館では」と東京都の 70 歳の男性が投書している。個人ブースの使用が 2 時間以内と制限されていることに関して、

　図書館側は「迷惑になる人がいるため」と説明するが、長居を許すとホームレスらが占拠して、居眠りばかりしているからというのが本音だろう、と家内は言う。

　迷惑になる人がいれば、そうした人には館員が適切に対応すればいいだけのことだ。意欲的に図書館を利用したい者を排除するのは、いかにも非

文化的な行為である。

と憤る。

2010年10月27日の朝刊においてはまた、神奈川県の52歳の会社員が「ホームレス　公園のベンチ改造する前に」というタイトルで、改修された公園のベンチに仕切りができてホームレスの男性が寝転ぶことができなくなったことに憤っている。

このようにⅠ期においては「彼ら」と「私たち」との間の境界線を超えて顕在化したホームレスの人々の存在を「不法に占拠している」と憤る読者投稿が見られたが、Ⅱ期においては逆に、図書館や公園のベンチといった公共空間からの排除に対して憤る投稿が見られるようになる。

前項で確認したように、Ⅰ期においてホームレスの人々は「事件の被害者・加害者」であり「占拠者」として表象されていた。だが、Ⅱ期においては、ネットカフェ難民の登場による衝撃と「未曾有の経済危機」であるリーマン・ショックにより、ホームレス＝「異人」という高度成長期の社会で支配的な言説であったマスター・ナラティブ（桜井 2002: 36）が変容しつつある。そして、「彼ら」と「私たち」との境界線もぼやけ始め、ホームレス状態に陥った人々が自らの過去や未来への展望を語ることで「ホームレス」というのは現在の一時的な状況であると理解されはじめている。

ここで各期の「ホームレス支援の様子を報道したもの」「ホームレスの人々に関連した事件報道」「ホームレスの人々による公共空間の『占拠』を報じたもの」の記事数の推移を表2に記す。

2002年に特措法が施行されたこともあり、各期において「ホームレス支援

表2　各期の新聞報道の変遷

	総数	被支援者	被害者＋加害者	占拠者
Ⅰ期	707	237（34%）	207（29%）	42（6%）
Ⅱ期	1,402	417（30%）	338（24%）	49（3%）
Ⅲ期	387	90（23%）	42（11%）	7（2%）

（出所）オンライン記事データベース「聞蔵Ⅱ」の検索結果より作成。

の様子を報道したもの」の割合が一番高くなっている。一方で、「ホームレスの人々に関連した事件報道」「ホームレスの人々による公共空間の『占拠』を報じたもの」の記事数は、いずれもⅠ期からⅡ、Ⅲ期に行くに従って減少傾向となる。Ⅰ期に見られたような〈ハードな他者化〉は、Ⅱ、Ⅲ期と次第に減っていくことがわかる。

　一方で各期を通して多く見られる「被支援者」として描かれた記事にも〈他者化〉の芽が潜んでいる。Paugam（2005＝2016: 19）は、人々に依存して生きることは「たとえ一時的なものであろうとも、社会がかれに与え、最終的にかれら自身が内面化するネガティブなイメージとともに生活すること」であるという。「被支援者」として描く記事は「依存するホームレス」像を自他ともに強化させる。

　松田（1999: 188）はまた、「社会矛盾を批判するもっともらしい正義の言説の中にこそ、人を支配する意志と欲望が潜り込むように」なることを「権力のソフト化」と呼んだ。Ⅱ期の新聞報道におけるホームレス表象は、Ⅰ期の「事件の被害者・加害者」や「占拠者」といった〈ハードな他者化〉は脱却しているが、「助けるべき人」と緩やかに〈他者化〉されている。これを〈ソフトな他者化〉と名づけたい。

2.3　〈不可視化〉──Ⅲ期

　リーマンショックが一段落し、景気が取り戻されてくるⅢ期においては、「ホームレス」報道数自体が大幅に減る。報道数が最多だったⅡ期の 2009 年（635 件）と比べると、2014 年〜 2019 年は 116 〜 223 件と報道数が 18.3 〜 35.1% 程度となっている。

　内容も、「ホームレス支援、自治体や NPO 撤退続々　国、人数減理由に補助削減」（2016 年 6 月 1 日）や「ホームレス、一五年で九割減少　就業支援や生活保護奏功　県が計画検証・公表／愛知県」（2018 年 12 月 5 日）などと報道されている。また、ホームレス支援団体が「子どもの貧困」対策に転じた[6]とも報じられており、2014 年以降「子どもの貧困」関連の報道数が増えてい

く。

　Ⅲ期では、特措法で定義されている「ホームレス」＝野宿者たちの数が減ったことにより、「ホームレス問題」が「解決」に向かったように報道され、取って代わるように「子どもの貧困」関連の記事が増える。だが前述したように特措法で用いられている「ホームレス」という語の定義は野宿者を指すのみで、ネットカフェ難民など不安定な住環境の下に暮らす人々は含まれておらず、彼らの存在は置き去りにされている。これを〈不可視化〉と呼ぶことにする。

　一方、読者投稿欄におけるホームレス表象は、Ⅱ期を経て変容を遂げている。例えば2014年8月24日朝刊には、「（声）初盆の日、車庫に供えた食事【大阪】」と題し54歳の大阪の主婦が、空き缶拾いに来たホームレス状態の男性と交流する様子を記している。

　　　　数年前から空き缶を拾いにホームレスのおじいさんが家に来て、話をするようになった。去年の夏、彼は体調を壊し、我が家の車庫の中で寝ていた。生活保護を受けるよう勧めたが、彼は「働けるまで働く」と固辞した。彼は大腸がんだった。死ぬ時は一人で死に、その時は役所の世話になり骨を拾ってもらうと言った。
　　　　私は食べたいものを聞いた。そうめんとだし巻き卵。すぐに作り、ご飯と共に出した。「わざわざ作ってくれたん」と彼は言った。かつては鉄骨を造る会社に勤めていたという。「日本のために働いてきてくれた人に残り物を食べさせられますか」と言うと、手を合わせて食べてくれた。

　この投書においては、Ⅰ期の「事件」を通してのみ社会と接点を持った「異人」としてのホームレス像とは違い、日常生活の中で「普通」の会話が繰り広げられる。また、過去と未来を剥奪された「路上の殺傷事件」の記事とは対照的に、ホームレス状態に陥る前の男性の過去が描かれ、「日本のために働いてきてくれた人」と呼ばれている。

2018 年 7 月 12 日朝刊には「（声）優しかったホームレスの秀さん」という
タイトルで 13 歳の東京都の中学生が子どもの時に多摩川のほとりでけがをし
た際ホームレスの男性に助けられた思い出を語っている。

　　私は 8 歳の時、ホームレスさんに助けてもらったことがあるのです。友達
　　と多摩川で遊んでいて、石につまずき転んでしまいました。泣いている
　　と、そのホームレスさんがやってきて、傷の手当てをしてくれました。そ
　　の人の名前は「秀さん」といいます。

　「ホームレス」というカテゴリーではなく「秀さん」と名前が呼ばれ、ホー
ムレス状態の人が「助けられる」客体ではなく「助ける」主体として描かれて
いる。
　また 2019 年 10 月 14 日朝刊で東京都台東区が、台風 19 号で自主避難所を訪
れたホームレスの男性 2 人の受け入れを断っていたことが報じられると[7]、数
日後の 2019 年 10 月 16 日朝刊の読者投稿欄にて「（声）同じ人間として受け入
れを 【大阪】」と題し、和歌山県の 68 歳の男性が

　　東京都台東区が台風 19 号で自主避難所を訪れたホームレスの男性 2 人の
　　受け入れを断っていたという記事を読み、驚くとともに憤りを覚えまし
　　た。……仮に、就職や結婚で他県で暮らす子どもが実家に帰省している
　　ときに災害に遭い、避難所を訪れた場合も、「区民ではない」と断るので
　　しょうか。それでは避難所の意味がありません。

と投書しており、2019 年 10 月 18 日朝刊にも千葉県の 43 歳の地方公務員の
男性が「（声）『避難所は区民対象』不合理だ」というタイトルで、

　　確かに避難所は、図書館などと同様に公費で運営されているが、図書館は
　　住民でなくても利用できる。市道や公園も同様である。ましてや避難所は

災害時に、生命身体の危険を避けるために緊急的に利用する施設である。

　と述べている。

　このようにⅠ期においては「公共空間の占拠者」として表象されていたのが、Ⅱ期においては図書館や公園のベンチからの排除に対して憤る投書が見られたわけだが、Ⅲ期においてはさらに踏み込んで、自主避難所から排除されたということに対して異議を唱える市民の声が紹介されている。そして2019年10月22日朝刊では「台東区長、議会で謝罪　避難所でホームレス拒否　／東京都」と区長が謝罪したことが報じられている。

　ホームレス＝「異人」という高度成長期に支配的だったマスター・ナラティブがⅡ期に変容したのを受け、Ⅲ期においても市民の意識の上で〈他者化〉が解除されつつあることがわかる。一方で、いまだに公共空間においては台東区のような摩擦が起きている。

3　考察と結論

　以上見てきたように、新聞記事によるホームレス報道は、Ⅰ期においてはいまだに高度成長期の名残があり、公共スペースの占拠から殺傷に至るまで様々な「事件」を通してのみ社会と接点をもつホームレスが暴力的に表象されていた。

　Ⅱ期に入ると、ネットカフェ難民の登場による衝撃と「未曾有の経済危機」であるリーマン・ショックにより、ホームレス＝「異人」という高度成長期の社会で支配的な言説であったマスター・ナラティブ（桜井 2002：36）が変容しつつある。そして、「彼ら」と「私たち」との境界線もぼやけ始め、ホームレス状態に陥った人々が自らの過去や未来への展望を語ることで「ホームレス」というのは現在の一時的な状況であると理解されはじめている。

　Ⅲ期に入ると、特措法で定義されている「ホームレス」＝野宿者たちの数が減ったことにより、「ホームレス問題」が「解決」に向かったように報道され、

62　第Ⅰ部　ホームレスの人々をめぐる状況の変遷

取って代わるように「子どもの貧困」関連の記事が増える。だが特措法で用いられている「ホームレス」という語の定義は野宿者を指すのみで、ネットカフェ難民など不安定な住環境の下に暮らす人々は含まれておらず、彼らの存在は置き去りにされている。

　一方で、少なくとも紙面上で表象されている市民の意識の上ではかなり〈他者化〉が解除されている。だがそれは実際にホームレスの人々と出会い交流してもたらされたものではなく、大半がホームレス施策や景気の動向によってもたらされた変容である。つまり、施策や景気の変動により、その「ホームレス」イメージも容易に反転する可能性がある。

　ここで Paugam（2005=2016）の貧困の基本形態の類型を参照しながら考察を深めたい。序章で述べたように Paugam（2005=2016）は貧困の基本形態を３つに分けて論じており、それは、大部分の人が貧困を経験する時代のスティグマ化の弱い「統合された貧困」、準完全雇用・失業率の低下した時代の周縁に置かれた人々のみが経験するため、スティグマ化が強い「マージナルな貧困」、そして失業が急増し排除リスクに対する集合的な不安が生まれる時代の「降格する貧困」だという（Paugam 2005=2016）。そして 2016 年に来日した際、日本の状況について「高度成長期はマージナルな貧困の時代、1990 〜 2010 年代は降格する貧困の時代とそれぞれ言うことができるのではないか」（Haffpost 2016）と語っている。

　一方、新聞報道や読者投稿欄におけるホームレス表象においては、Ⅰ期は高度成長期の「マージナルな貧困」の時代の影響を受けており、Ⅱ・Ⅲ期に「降格する貧困」の時代に到達していることがわかる。

　つまりⅠ期においてはすでに失業の急増と不安定な就業状況がありながらも、人々の意識は数年遅れてⅡ期において「降格する貧困」の時代に到達している。

　それではそのような社会のホームレス表象の変遷を受けて、ビッグイシュー日本ではどのような対抗的なホームレスの人々の表象を行ってきたのだろうか。それについては第Ⅱ部で詳細に分析・考察していく。

注

1) 『朝日新聞』は「聞蔵Ⅱ」、『読売新聞』は「ヨミダス歴史館」というオンライン記事データベースを利用した。

2) 「聞蔵Ⅱ」で「ホームレス」と検索してヒットしたものの中から各種コラムを引いた記事の総数。以降の記事数、表2も同様である。

3) 「『ネットカフェ難民』ら三人支援　『ぎふ反貧困ネットワーク』発足一カ月」」(2008年9月5日朝刊)。

4) 「ハウジングプア、政府に改善要望　法的支援者交流会」(2009年3月31日朝刊)。

5) 「若年ホームレス急増　東京、施設入所者の四分の一」(2010年2月11日朝刊)。

6) 「困窮者が『助けて』と言える社会に　北九州・八幡西でシンポ」(2015年11月17日朝刊)。

7) 「ホームレスの受け入れ断る　東京・台東区の避難所「区民が対象」　台風19号」(2019年10月14日朝刊)。

第Ⅱ部

ストリート・ペーパーの言説分析

第3章
ストリート・ペーパーとは

1　ストリート・ペーパーの誕生と展開

　第Ⅱ部では日本のストリート・ペーパーである『ビッグイシュー日本版』においてどのような対抗的なホームレスの人々の表象が見られるかを考察するが、その前に本書の対象となるストリート・ペーパーがどのような経緯で誕生し、展開していったのかを確認しておく。

　Kevin Howley（2003）によると、ストリート・ペーパーの誕生はニューヨークの路上であったとされる。『ストリート・ニュース』というホームレスの人々が販売者を務める新聞が創刊されたのは 1989 年のことであった。

　創刊の背景には、当時の米国の社会状況があった。産業構造の変容や福祉予算の削減などにより、1980 年代から路上で暮らす人々があふれていた。主要メディアは彼らを「犯罪者」のように扱うか、もしくはチャリティに頼る「被支援者」として報じたが、そのような表象に対抗するために生まれたのがストリート・ペーパーだった。

　Teresa L. Heinz（2004）によると、当初ストリートエイドという NPO によって運営された『ストリート・ニュース』には広告はなく、著名人やスタッフライターらによりニューヨークの生活に関するコラムや記事が掲載され、ホームレス状態の当事者も詩や短い物語を寄稿した。2,000 人の販売者たちによって、月に 10 万部が販売されていたという。

　その後、化粧品会社「ボディショップ」の創業者であるゴードン・ロディックがニューヨークを訪れた際、『ストリート・ニュース』の販売者に遭遇。当時英国でも多くの若年失業者が路上暮らしを余儀なくされており、この仕組み

67

をロンドンにも根づかせたいと考えた（Swithinkbank 2001）。

　有限会社ビッグイシュー日本（2024）によると、ゴードンは、古い友人で後に『ビッグイシュー』の創始者となるジョン・バードに市場調査を依頼し、バードはビジネスとしてならロンドンで十分成立するという結論を出した。誰もが買い続けたくなる魅力的な雑誌をつくり、ホームレスの人たちにその雑誌の販売に従事してもらうというポリシーで、1991年にバードはロンドンで『ビッグイシュー』を創刊した。

　同様の仕組みを持つストリート・ペーパーは1990年代を通じて欧米に広がり、1994年にはストリート・ペーパーの国際ネットワークであるINSP（International Network of Street Paper）が、1997年には北米のネットワークであるNASNA（North American Street Newspaper Association）が設立された（Heinz 2004）。

　2000年代に入ると、「ホームレス問題」が深刻化し始めていた東アジアにおいてもストリート・ペーパーが創刊され、『ビッグイシュー日本版』は2003年に、同『韓国版』『台湾版』は2010年にそれぞれ誕生した。

　このように、1990年代に欧米、2000年〜2010年代にかけて東アジアと、「ホームレス問題」が顕在化する時期に合わせて、世界各国でストリート・ペーパーの活動は生成、展開されている。そして、初めてニューヨークで販売が開始されてから約30年の時を経て、現在は世界約35ヶ国に100紙・誌程度存在する（有限会社ビッグイシュー日本 2024）。

　ストリート・ペーパーはどのような仕組みで運営されているのであろうか。『ビッグイシュー日本版』を例にとれば、まず雑誌販売を希望するホームレス状態にある人が事務所を訪れると、1冊450円の雑誌を10冊、無料で支給される。すべて売り切ると4,500円の収入を元手に、次回以降は1冊220円で仕入れ、定価の450円で販売。差額の1冊230円が販売者の収入となる。1日20冊販売できたとして、4,600円で当座の食費とドヤ代ができる。雑誌の値段は異なるが、世界のストリート・ペーパーはほぼ共通でこの仕組みで運営されている（有限会社ビッグイシュー日本 2024）。

一方、経営母体に関しては決まりがないため、米国をはじめとする多く
のストリート・ペーパーのようにNPOであったり、英国発祥の「ビッグイ
シュー」などのように社会的企業であったりとまちまちである。

　また雑誌の内容や体裁に関しても同様に大きく2つのグループに分けること
ができる。1つ目は、大半の記事がホームレス状態の人々によって執筆され、
内容もホームレス状態の人々の役に立つ情報が掲載されているもので、前者に
多い。広告も皆無かほとんどなく、白黒の新聞のような体裁のものが多く、ほ
ぼボランティアによって運営されている。2つ目は、後者に多いがいわゆるプ
ロのライターや編集者たちによって作られているもので、多くの場合広告収入
があり、オールカラーの雑誌のような体裁になっている。

　このように一口にストリート・ペーパーといっても、その目指すところは多
様であり、街頭における雑誌の対面販売によりホームレスの人々に社会参加し
てもらうという面と、誌面において社会に対抗的な価値観を示すという面をあ
わせもつ。そのバランスは各紙・誌に委ねられており、北米の各紙のように対
抗性に振ることもあれば、商業的に成功している英国の『ビッグイシュー』の
ようにこれまで「ホームレス問題」にはまったく関心のなかった層にまで裾野
を広げることに重きを置くものもある。そのあり方は、時に社会の意識と共鳴
し、時に反発しながら動的に形成されている。

　ストリート・ペーパーの対抗性が端的に現れると考えられるのが、各国のス
トリート・ペーパーで展開されている包摂策においてである。そこで次節で
は、各国のストリート・ペーパー販売者のプロフィールが多様であることを確
認した後に、特徴的な包摂策を展開している5誌を事例として取り上げたい。

2　ストリート・ペーパーの販売者とは誰か

2.1　多様な世界の販売者のプロフィール

　ストリート・ペーパーの販売は原則的にホームレスの人々によって担われて
いるが、そのプロフィールは国や時期によって大きく異なる。

第3章　ストリート・ペーパーとは　69

筆者は、2011年4月11日〜7月25日まで、INSPに加盟しているストリート・ペーパーの事務所（17ヶ国、19都市）を訪ねて、販売者やスタッフと語り合う機会を得た。そこで見えてきたものは、ストリート・ペーパー販売者のプロフィールに、各国の抱える社会問題や社会の意識、ストリート・ペーパー運営者の包摂に関する考え方といった多様な要素が投影されているということである。特徴的な11都市を表3にまとめる。

　例えば、『ビッグイシュー韓国版』『ビッグイシュー台湾版』の販売者は、圧倒的に中高年男性が多く、いったん職を失った後、再就職先がなく、長引く失業状態の中で路上に出た人たちが多いという。韓国では、「人は、なぜホームレスになるのか」という問いに対する答えとして、「IMF不況」という言葉をよく耳にした。

　一方、フィリピン・マニラの『Jeepney／ジープニー』を訪れた際には、絶対的貧困を目の当たりにした。2008年3月から『Jeepney』を売り始めたアティ・メリー（2011年取材時／46歳）は、彼女の職歴は12歳の頃から始まると教えてくれた。フィリピンの東部に位置するサマール島出身の彼女は、家庭が貧しく、その困窮から脱するため7歳の時に祖母に連れられてボートで24時間かけて、マニラに出てきた。「でも、マニラでも生活の苦しさは変わらず、1日にご飯を1回しか食べられない日がずっと続いていました」。

　12歳のころから路上でバーカー（バスやタクシーなどの客引き）を始めたアティ・メリーは、2005年には、路上行商人として店を構えることになったとのこと。初めはキャンディーなどを売っていたが、もうけが少なかったため、徐々に品数を増やし、たばこや水など売るようになった。話を聞いた2011年当時は、24歳の長女とこの仕事を続けていたアティ・メリーの路上の店には、キャンディー1個1ペソ、マルボロ1本3ペソ、ボトル入りのアイスティー20ペソや携帯のプリペイドなどが所狭しと並べられていた。この露天商と『Jeepney』の販売で、何とか彼女は生計を立てていた。

　ロシア・サンクトペテルブルクで販売されている『Put Domoi／プット・ドモイ』の事務所を訪れた際には、スタッフのアーカディ・チューリンが、ロシ

アには 400 万人の「透明人間」がいると教えてくれた。ロシアでは、90 日以上 1 つの都市にステイした場合、その地での住民登録が必要となるのだが、もしこれを忘れば、住民登録が失効。医療や教育などの国のサービスのほとんどが受けられなくなり、職に就くことや家を借りることも困難を極めるという。また一度住民登録を失うと、再発行はかなり難しいとのこと。1995 年にこの

表3　本節で取りあげる海外のストリート・ペーパーの概要

雑誌名	販売国	創設年	発行頻度	1 冊の値段／（　）内は販売者の取り分	販売者がホームレス状態に陥った主な原因
『ビッグイシュー韓国版』	韓国	2010 年	隔週刊	5,000 ウォン（2,500 ウォン）	失業
『ビッグイシュー台湾版』	台湾	2010 年	月刊	100 台湾元（50 台湾元）	失業
『Jeepney』	フィリピン	2007 年	月刊	100 ペソ（50 ペソ）	絶対的貧困
『Put Domoi』	ロシア	1994 年	季刊	30 ルーブル（15 ルーブル）	住民登録の失効
『Gazeta Uliczna』	ポーランド	1989 年（発行元の BARKA 財団の設立年）	月刊	6 ポーランド・ズロチ（3 ポーランド・ズロチ）	急激な社会構造の変化
『Lice Ulice』	セルビア	1994 年	月刊	200 セルビア・ディナール（100 セルビア・ディナール）	ロマの人々
『= Oslo』	ノルウェー	2005 年	月刊	100 ノルウェー・クローネ（50 ノルウェー・クローネ）	ドラッグ依存症
『Z !』	オランダ	1995 年	月刊	2.5 ユーロ（1.15 ユーロ）	「不法」移民
『BISS』	ドイツ	1993 年	月刊	2.80 ユーロ（1.40 ユーロ）	失職、希薄な家族関係、依存症など複合的
『ビッグイシュー英国版』	英国	1991 年	週刊	4 ポンド（2 ポンド）	N/A
『Real Change』	米国	1994 年	週刊	2 ドル（1.40 セント）	N/A

（出所）2011 年 4 月 11 日〜7 月 25 日における筆者による聞き取り調査より。発行頻度と値段は 2022 年 12 月現在のもの。また『ビッグイシュー英国版』『Real Change』は 2011 年に聞き取り調査を行っていないため、雑誌概要のみ記している。

プコピスカといわれるシステムは法律上なくなったといわれているが、実態は昔のままだとのことだった。

一方、ポーランド・ポズナンの『Gazeta Uliczna ／ガゼタ・ウリツィナ』を訪れた際には、冷戦構造の終焉による社会の劇的な変化についていけなかった人たちが、路上での暮らしを余儀なくされたと聞いた。特に、公営住宅が民営化されたことで、家主は家賃を吊り上げ、払えない人たちは追い出されるということが多発したのだそうだ。借主たちを保護する法律もなく、彼らは路上へ出るより方法がなかったという。

また、セルビア・ベオグラードの『Lice Ulice ／リツェ・ウリツェ』は、ほとんどがロマの子どもたちによって販売されていた。モンテネグロで生を受けたジェイも販売者の1人。幼少期にベオグラードに家族とともに移り住んだが、以降学校には行っていないとのことだった。そのため『Lice Ulice』では、ロマの子どもたちのために言語演習を行っていた。

このように、本項の冒頭でも述べたように、ストリート・ペーパーの販売者と一口にいってもその国の社会情勢や社会の意識、ストリート・ペーパー運営者の包摂に関する考え方といった要因を反映しており、多様な存在である。

Paugam（2005=2016）の理念型と照らし合わせてみても、フィリピンのように「統合された貧困」の時代にあったり、圧縮された近代（Chang 2010）を経験し、急速に「マージナルな貧困」から「降格する貧困」へと移行していると思われる韓国のような国もある。

そこで次項においては、特に「降格する貧困」の時代を経験している欧米の5つのストリート・ペーパーに焦点を当て、特徴的な包摂策の事例を紹介する。そして各ストリート・ペーパーの対抗性が展開されている包摂策に現れることを確認したい。

2.2 「降格する貧困」の時代の包摂策の事例
2.2.1 ノルウェー・オスロ『= Oslo ／エルリック・オスロ』
各国のストリート・ペーパーにおいては、国のホームレス施策などで展開さ

れている包摂策とは異なる包摂策が展開されていたが、ここでは特徴的な5つの事例を紹介したい。

1つ目は、ノルウェー・オスロの『＝ Oslo ／エルリック・オスロ』である。同誌では、販売者の9割方がドラッグ依存症であるといい、ドラッグ依存から抜け出せるようなプログラムと並行しながら雑誌の販売を続けている人がほとんどだった。

そのうちの1人、ニルス（2011年取材時／41歳）に話を聞くことができた。父親の顔を知らず施設で育った彼は、その施設で年上の子どもたちに教わって12歳の時にヘロインを始めたと語った。

「初めてヘロインを体験した時は『うぁー、こりゃすごい！』って思ったね。すぐに虜になって3週間もしたら依存症になっていた。それからは地獄だったね」。1日に最低3回はヘロインを摂取しないと禁断症状が出る。そして、1回に必要なヘロインに200ノルウェー・クローネ（約3千円）かかった。ヘロインを買うお金欲しさに犯罪に手を染めるしかなかったという。

ニルスは話を聞いた2011年当時、まだドラッグ依存から抜け出せておらず「まだきみがドラッグに手を出していないんだったら、ぜったい手を出したらいけない。ドラッグとともにある人生は最悪だ。一度足を突っ込んだら抜け出せない。どうやったら抜け出せるのか、わからないんだよ」と語った。

日本から来た筆者にとって、ドラッグ依存症を抱えたまま雑誌販売をするということは衝撃的だった。というのも『ビッグイシュー』では、以下の8つの行動規範を守ることが義務づけられていたからである。

1. 割り当てられた場所で販売します。
2. ビッグイシューのIDカードを提示して販売します。
3. ビッグイシューの販売者として働いている期間中、攻撃的または脅迫的な態度や言葉は使いません。
4. 酒や薬物の影響を受けたまま、『ビッグイシュー』を売りません。
5. 他の市民の邪魔や通行を妨害しません。このため、特に道路上では割り

当て場所の周辺を随時移動し販売します。

6. 街頭で生活費を稼ぐほかの人々と売り場について争いません。

7. ビッグイシューの ID カードをつけて『ビッグイシュー』の販売中に金品などの無心をしません。

8. どのような状況であろうと、ビッグイシューとその販売者の信頼を落とすような行為はしません。

『ビッグイシュー日本版』もこの行動規範に準じていたため、「4」にあるように酒や薬物は雑誌を販売中は厳禁だった。そのため『＝ Oslo ／エルリック・オスロ』ではドラッグ依存症を抱えていても販売を許可していることが寛容すぎるように感じられたのである。

　なぜ依存症を抱えたままの販売を許すのか？　その理由を『＝ Oslo ／エルリック・オスロ』創設者のパー・クリスチャンは「一度薬物に手を出すと社会復帰はかなり難しい。だから、まず社会に復帰してもらって自尊心を取り戻してもらってから、薬物依存の問題と向き合えばいい」と語った。

　このように『＝ Oslo ／エルリック・オスロ』では、社会の価値観を体現できたら包摂するのではなく、まず包摂してから依存症と向き合うという実践がなされており、ストリート・ペーパーの対抗性が包摂策に投影されていた。

2.2.2　オランダ・アムステルダム『Ｚ！』

　2つ目の事例は、オランダ・アムステルダムで販売されている『Ｚ！』である。同誌では、1995 年の創刊以来、販売者のプロフィールの変遷にこの国の世情を見るようだった。スタッフのヨルンによると、当初、販売者はオランダ人やこの国の合法ドラッグ目当てでやって来た外国人が多かったそうである。だが、世論に後押しされる形で政府がホームレス問題に取り組むようになり、オランダ人は屋根のある家に住めるようにする政策をすすめると、後に残ったのは違法状態でこの国に滞在している人たちだった。2011 年当時、『Ｚ！』の販売者は 75％がオランダ人ではない国籍の保有者で、その国々はポーランド、

チェコ、旧ソ連、ブルガリア、ルーマニアと35ヶ国におよんだ。オランダ語や英語が話せない人も多いため、まずは言語演習から始め、コミュニティに溶け込むようにしているとのことだった。

この『Z！』の事例においても既存の包摂策では社会に参加できない違法状態の人々に雑誌販売の仕事を提供するという包摂の仕方に対抗性が現れている。

このように、各国のストリート・ペーパーの販売者たちは、好むと好まざるとにかかわらず、施策の網からこぼれ落ちた人たちであり、時にはドラッグ依存症を抱えていたり、違法状態で外国にとどまっていたりする人たちもいた。社会においてはそのような人々は包摂の対象から外れていたが、『＝ Oslo ／エルリック・オスロ』や『Z！』のように雑誌販売の仕事を提供することで既存の包摂策への代替案を示すストリート・ペーパーもあった。

2.2.3　ドイツ・ミュンヘン『BISS』

ドイツ・ミュンヘンで販売されている『BISS』は1993年に創刊された。「BISS」は「社会的困難の中にある市民（Bürger in Sozialen Schwierigkeiten）」の頭文字となっている。

大半のストリート・ペーパーは販売者と雇用関係を結んでいないが、数少ない例外の一つが『BISS』誌である。雑誌販売を1年ほど続けた時点で、『BISS』と雇用契約を結ぶかどうかを販売者が選べる。雇用契約を結ぶ場合は、第一段階として月400冊以上雑誌を売ることを約束する。これによって、パートタイムの従業員として、『BISS』に登録される。

月400冊を継続的に売っていける自信がつくと段階的に600冊、800冊と目標が上がっていき、800冊の段階で『BISS』のフルタイムの従業員として登録されて月収1,150ユーロが得られる。

フルタイムの従業員になると社会保障が付き、税金も払うのだが、それをサポートするのが「ゴッド・ファーザー」制度の存在だ。これは、個人や会社から寄付を募り、寄付によって、雇用された販売者の社会保険料や給料などの補

てんをするという仕組みになっている。

『BISS』の誌面では、毎号1ページが割かれ、現在いる雇用販売者とゴッド・ファーザーを紹介しているが、販売者が自分のゴッド・ファーザーに会うかどうかは自由だという。『BISS』によると、ゴッド・ファーザーへ感謝の意を表す責任があるのは販売者ではなく、『BISS』だということを初めに明確にしているという（2011年6月3日聞き取り）。

2.2.4　英国・ロンドン『ビッグイシュー英国版』

ロンドンの「ビッグイシュー」は1991年に『ビッグイシュー』を創刊したが、その後事業を広げ2005年には「ビッグイシュー・インベスト」を設立した。「社会的企業のための銀行」となることを目的にビッグイシューの100%子会社として立ち上げられて以降、330団体に3000万ポンドを資金提供してきた。

ホームレスの人々を生み出さない社会を目指して、雑誌出版社ビッグイシューとは別の方法で社会問題の解決に取り組んでおり、若者の就労訓練を行う「サークルスポーツ」、ホームレス状態の人々の就労支援や空き家活用のハウジングを行う「People Housing and Social Enterprise Scheme: PHASES」などにこれまで資金を提供してきたという（ビッグイシュー基金 2015）。

大半のストリート・ペーパーは運営母体がNPOであったり、スタッフもボランティアベースの手弁当で活動を続けていたりするのだが、英国のビッグイシューはもともと化粧品会社のボディショップから資金提供を受けていることもあり、豊富な資金力で他の組織も巻き込んで包括的に「ホームレス問題」に取り組んでいるところに特徴がある。

2.2.5　米国・シアトル『Real Change』

米国では近年、公共空間で座ったり寝たりすることが違法行為に当たるとする法律ができ始めている。橋本圭子（2016）によると「反ホームレス法（anti-homeless laws)」と総称されるホームレスの人々の日常行為を罰する法律を

制定する州および地方自治体の方が増加しており、「全国ホームレス・貧困法センター（National Law Center on Homelessness & Poverty/ NLCHP)」が2011 年と2014 年に実施した調査によると、公共の場で「座る、横になる行為を禁止する条例」は3年間でおよそ1.4 倍に増加（2011 年は70 都市、2014 年は100 都市）したという。このsit/lie 法はホームレスの人々が公共空間で休むことを犯罪としている。

　シアトルのストリート・ペーパー『Real Change』はこの法律に異議を唱えた（ビッグイシュー・オンライン 2019）。というのも、販売者に障害のある人がおり、長時間立って販売することが困難なためだ。そのため公共空間で座って雑誌販売ができるようにシアトル交通局と交渉に臨んだという。

　ここまで確認してきたように、ストリート・ペーパーの現場における包摂のあり方は社会の意識や法に時に同調し、時に抗う動態であった。またストリート・ペーパー内部においても『ビッグイシュー』のようにドラッグ依存症を受け入れないところがある一方で、『= Oslo ／エルリック・オスロ』のように受け入れるところもあるというように一枚岩ではない。

　そこで次項では、本書の主な研究対象である日本のストリート・ペーパー『ビッグイシュー日本版』販売者のプロフィールと包摂策の変遷について見ていきたい。

2.3　日本の販売者の変遷

　『ビッグイシュー日本版』の販売者のプロフィールは、設立された 2003 年から現在までにどのような変遷を遂げ、その間にどのような包摂策が展開されてきたのだろうか。

　ビッグイシュー基金（2022b）によると、2003 年 9 月〜 2022 年 8 月末までに販売者登録したのべ 2,019 人のうち 205 人が新たな職に就いて「自立」し、累計 952 万冊を販売。15 億 1204 万円の収入をホームレスの人々に提供してきたという（ビッグイシュー基金 2022b: 18）。一方で、生活保護の適用拡大の影響もあり、ビッグイシュー基金の提案などを受けて生活保護を申請する人もい

る。以上のような概観を踏まえながら、本項では『ビッグイシュー日本版』販売者のプロフィールの変遷をさらに詳しく見ていく。

『ビッグイシュー日本版』では、創刊当初は販売者の大半を 50 〜 60 代のいわゆる野宿をしている単身男性が占めた。だが、2008 年 7 月から 2010 年 7 月にかけてリーマン・ショックと相前後して横行した雇い止めや派遣切りにより職を失った若者たちがホームレス状態に陥ったとみられ、販売者（東京）の平均年齢が 56 歳から 45 歳へと下がったという（ビッグイシュー基金 2010）。

現在「ビッグイシュー日本」のホームページを見ると、「雑誌『ビッグイシュー日本版』の販売は、ホームレス状態の方がすぐにできる仕事です」とあり、「路上生活の方だけでなく、いわゆる『ネットカフェ難民』状態である場合や、ファーストフード店などで寝泊りしている状態、友人・知人宅を転々としているなど『定まった住居を持たない状態』の方でもビッグイシューの販売ができます」と明記されている（有限会社ビッグイシュー日本 2024）。

また 2007 年に設立された NPO ビッグイシュー基金では『ビッグイシュー日本版』販売者をはじめとするホームレスの人々に月 1 万 5 千円の利用料で入居できる「ステップハウス」[1] の事業を展開しており、そのプログラムを通じてアパートで暮らす人もいる。

ここで少しビッグイシュー基金の概要について説明しておく。ホームレスの人々に雑誌販売の仕事を提供する有限会社ビッグイシュー日本は 2003 年に立ち上げられたが、「ホームレスの人々の自立には、就業を含めた総合的なサポートが必要である」という考えのもと、2007 年 9 月に非営利団体ビッグイシュー基金が設立され、2008 年 4 月に NPO 法人の認証を受けた（ビッグイシュー基金 2022f）。その活動内容については第 7 章にて詳述するが、「ホームレスの人たちを中心に困窮者の生活自立応援」「ホームレス問題解決のネットワークづくりと政策提案」「ボランティア活動と市民参加」の 3 つの事業を柱に、各種のプログラムを通じて、貧困問題の解決と、「誰にでも居場所と出番のある包摂社会」の形成を目指している（ビッグイシュー基金 2022f）。

販売者の住環境に話を戻すと、当初は路上生活をしている人々が大半を占め

78　第Ⅱ部　ストリート・ペーパーの言説分析

ていたものの、現在はドヤ、ネットカフェ、友人・知人宅などとともに、ビッグイシュー基金の提供するグループホームに入居している人もいる。

　一方ジェンダーバランスを見ると、圧倒的に男性が多く、女性はこれまで数名しか販売者として登録していない。これは、そもそも女性でホームレス状態に陥っている人々は可視化されにくいということも関係している。厚生労働省が2022年に行った概数調査でも全国のいわゆる野宿者は3,448人で、このうち男性が3,187人、女性は162人、目視で性別を確認できなかった人は99人だった。

　またより広く安定した住環境を持たない人たちについて考えた場合、各種福祉施設などで暮らす女性たちも多く存在し、そのためいわゆる野宿者としては可視化されないということも挙げられる。さらに、日本においては近代家族の規範から外れて女性が世帯主となることはかなりの困難が伴い、そのためどれほど家の中で困難に直面していてもそこから逃れられないように作用することも指摘されている（丸山 2013）。

　日本のホームレスの人々の実態が変容する中で、『ビッグイシュー日本版』の販売者も50～60代の単身で野宿をしている人々から、年代・居住状況などが多様化している。

　ここで、第1章の「日本のホームレスの実態」や第2章の「新聞におけるホームレス表象の変遷」で用いた3期と照らし合わせて販売者の変遷をまとめる。確認のため再記すると、2002年に特措法が施行され、野宿者が2万人以上存在した2003年～2006年までをⅠ期、厚生労働省により「ネットカフェ難民」の実態調査が開始され、リーマン・ショックと相前後して「ホームレス」の若年化が見られた2007年～2013年までをⅡ期、「子どもの貧困対策の推進に関する法律」（2014年）、「生活困窮者自立支援法」（2015年）が施行されるなど、政策の上でも「貧困者」が多様化した2014年～2019年までをⅢ期とする。

　Ⅰ期においては『ビッグイシュー日本版』販売者においても50～60代の単身で野宿をしている男性が大半を占めた。そのほとんどが寄せ場を拠点に生活

を営んだ経験があった。一方Ⅱ期に入ると雇い止めや派遣切りに遭った30〜40代も目立ち始め、ネットカフェやファーストフード店などで寝泊まりする人たちの割合が増えている。Ⅲ期においてはビッグイシュー基金の「ステップハウス」などの事業により一時的な住居を確保した人たちも増えており、また生活保護拡大の影響で生活保護によってホームレス状態を抜け出す人たちも見られるようになっている。

　このような販売者のプロフィールの変遷は組織で展開されている包摂策のあり方にも影響を与えていると考えられる。そのため包摂策の変容については、第7章にて詳しく見ていきたい。

　なお、2022年6月15日に有限会社ビッグイシュー日本より公表された、2010年度以降の販売冊数と販売者数の推移は図3、創刊以来の総収入の推移は図4の通りである。

　次節ではストリート・ペーパーをめぐる先行研究を確認した後、本書の視角を確認する。

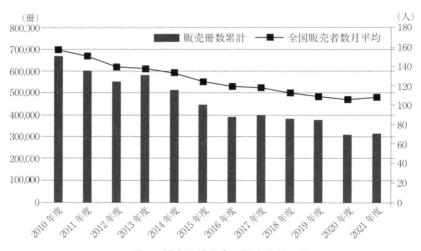

図3　販売冊数と全国販売者数の推移
（出所）有限会社ビッグイシュー日本より提供。

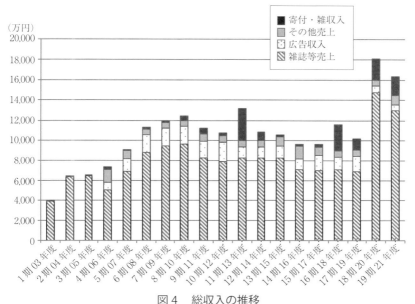

図4　総収入の推移
（出所）有限会社ビッグイシュー日本より提供。

3　ストリート・ペーパーをめぐる先行研究と本書の視角

　ストリート・ペーパーに関する先行研究はそれほど多く存在せず、地域も欧米に限られており、時期も2000年代初頭のものとなっている。その多くが誌面におけるストリート・ペーパーの対抗性を検討したものである。例えばKevin Howley（2003）では、米国の『ストリート・フィート』を事例としてストリート・ペーパーにおいてネガティブな価値を内包する言説に対抗してどのような言説が生み出されているかを分析している。
　また、Danièle Torck（2001）においても欧米の主要な4つのストリート・ペーパーの言説分析をすることで「ほんの一握りの人々を助ける小さなビジネスに過ぎず、特権階級の良心の呵責を和らげる効果のみで、今ある社会構造は

温存される」と結論づけている。

　一方、なぜ人々はストリート・ペーパーを購入するのかという読者の動機を捉えようとしたものに Sally A. Hibbert et al.（2002, 2005）があり、英国の路上で販売されているストリート・ペーパーを対象として、街頭における対面販売でホームレスの人々から雑誌を購入する動機について読者への聞き取り調査を行っている。そして「雑誌の内容に共感しており、ホームレスの人々のエンパワメントの過程にかかわることができるから」という結論に達している。

　このようにこれまでのストリート・ペーパーに関する研究の多くが誌面における対抗性の分析と読者像の把握に関するものだが、その両者を射程に入れた研究は管見の限り存在しない。

　そこで本書においては、日本のストリート・ペーパーである『ビッグイシュー日本版』の誌面分析と販売者や関係者への聞き取り調査・参与観察によって、ホームレスの人々を中心とした対抗的公共圏が言説と日常的実践を通していかに生成・展開しているのかを動的に捉える。言説分析は第Ⅱ部の第4章から第5章にかけて、また参与観察と聞き取りを行った日常的実践についての分析は第Ⅲ部の第6章から第9章にかけて行う。

注
1）初期費用、保証人なしで一定期間（6ヶ月〜）利用でき、利用料の一部が利用者本人の積立金となる。例えば利用料15,000円のステップハウスを半年間利用した場合、6万円が手元に残る。このお金と、利用期間中に受けられる基金の各種サポートを併用して、アパート入居や就職活動など、次の「ステップ」への一歩が容易になるという（ビッグイシュー基金 2022a）。

コラム　トランスナショナルな貧困運動は可能か

連帯の中にある、様々な違い

　第3章で述べたように、ストリート・ペーパーは 1989 年にニューヨークの路上で誕生した。以降 1991 年に英国で『ビッグイシュー』が創刊されると、1990 年代を通じて欧米でストリート・ペーパーの活動が根づき、2000 年代に入ると『ビッグイシュー日本版』『同韓国版』『同台湾版』が東アジアで相次いで創刊された。

　そのように世界各地へとストリート・ペーパーの活動が広がっていくにしたがって、相互の連携を担っていくような組織の必要性が高まり 1994 年に INSP（International Network of Street Paper ／ストリート・ペーパーの国際ネットワーク）がスコットランドのグラスゴーを拠点に創設された。

　INSP（2023）によると、そのヴィジョンは「貧困状態にあっても自ら収入を得る機会をもち、自身の声が聴かれ、理解される」こと。使命として「ストリート・ペーパーが貧困状態を緩和し、社会の変革に取り組むことを支援すること」を掲げる。そのために「ストリート・ペーパーの立ち上げや継続を助け」、「国際ニュースネットワークをつくり」、「貧困と闘うためにストリート・ペーパーの連携を促してグローバルな運動を組織していく」という。

　だが、2023 年 8 月現在 35 ヶ国に 92 紙・誌存在するストリート・ペーパーは、第3章で述べたようにその経営形態は社会的企業から NPO まで様々である。例えば前述したように、元ビジネスマンが多く関わるのは『ビッグイシュー英国版』『ビッグイシューオーストラリア版』などで、ソーシャルワーカーたちが立ち上げたものにはドイツの『BISS』などがある。

　また「降格する貧困」を経験している欧米や東アジアのストリート・

第3章　ストリート・ペーパーとは　83

ペーパーとともに、いわゆるグローバル・サウスと呼ばれるアフリカ諸国などもメンバーとして加盟している。

そのため、毎年開催される総会では、「貧困状態にあっても自ら収入を得る機会をもち、自身の声が聴かれ、理解される」というINSPのヴィジョンは共有されていても、貧困の諸相が各国でかなり異なっており、そのアプローチの仕方もビジネスの手法か、それとも福祉的にかというように多様であるため、違いが際立つ時の方が多いように思う[注1]。

数年で閉じられたアフリカ諸国の経験は、「失敗」か？

筆者は2008年から2011年にかけて、毎年INSPの総会に参加した。当時のメモを見返すと、例えばスコットランド・グラスゴーで開催された第13回年次総会（2008年6月18日〜21日）では、「『ビッグイシューザンビア版』は創立してから1年で、販売者は35名。1964年に英国から国が独立し、公共機関を民間に委託した際、失業者が増えた。5つの会社の独占状態が続いていて、広告を取るのも困難」とある。

また、ノルウェー・ベルゲンで開催された第14回年次総会（2009年5月12日〜16日）では「今年1月に創刊した『ビッグイシューマラウイ版』は利益が出ておらず、INSPからの資金援助が頼り」とある。

ある分科会では、ザンビアの人口の7割が貧困状態にあるという実情を聞き、「ザンビアで、ストリート・ペーパーという仕組みは有効なのか？」という本質的な問いが、ポルトガルの『CAIS』から発せられもした。

そのような問いに対して、翌年オーストラリア・メルボルンで開催された第15回年次総会（2010年5月17日〜20日）で、ある秘策が発表された。それはINSPとして広告を募り、その広告料で資金繰りに困っているストリート・ペーパーを助け合うというもの。パイロットプロジェクトとして「カナダ・ケベック観光局」からの広告を世界のストリート・ペーパーで掲載し、得られた広告料で、アフリカ諸国が第15回総会に参加することが可能になったという。

84　第Ⅱ部　ストリート・ペーパーの言説分析

当時から 13 年の時が経ち、2023 年 8 月現在、アフリカ大陸で販売されているストリート・ペーパーは『ビッグイシュー南アフリカ版』のみとなっている。ザンビア、マラウイ、ケニア、ナミビアなどで試みられたストリート・ペーパーの活動は、いずれも経営難などで数年で閉じられた。

　その事実を目の当たりにする時、いわゆるグローバル・ノースとグローバル・サウスとが協働するトランスナショナルな貧困運動の抱える困難さを思わざるを得ない。だが、それと同時にあまりにも大きな貧困のありようの違いや構造の問題を目の当たりにしながらも、「貧困状態にあっても自ら収入を得る機会をもち、自身の声が聴かれ、理解される」というヴィジョンのもと活動をともにした経験は、ストリート・ペーパーを離れてから、どのように元メンバーのその後の歩みに影響を与えているのかも気になるところである。ストリート・ペーパーの経験がどのようなかたちで生かされていっているのか、それともいないのか。「経営難で数年で閉じられた」という事実を「失敗」と捉えて議論を終わりにするのではなく、まだ可視化されていない、活動に携わった人々の意識の変化を今後も追っていきたいと思う。

注1　違いがあるもの同士の連帯の可能性を追求したものに、精神障害者のグローバルな草の根運動を調査した伊東香純（2021）がある。

コラム参考文献
INSP, 2023, *About Us*（Retrieved August 6, 2023, https://www.insp.ngo/about-us）.
伊東香純、2021、『精神障害者のグローバルな草の根運動——連帯の中の多様性』生活書院。

第3章　ストリート・ペーパーとは　85

第4章
〈他者化〉からの脱却
——国内のライフストーリーと読者投稿欄に着目して

1 本章の目的

　第1章で見てきたような福祉施策の変遷や第2章で見てきたようなマスメ
ディアのホームレス表象を受けて、ストリート・ペーパーではどのような対抗
的な言説を展開してきたのであろうか。それを探るのが本章の目的である。

　現代社会において、貧困者、特に路上や施設、あるいはドヤやネットカフェ
で生活を営むホームレスの人々は様々な形で社会の周縁部に追いやられてき
た。

　こうしたホームレスと呼ばれる人々の存在は、貧困研究においても様々な捉
えられ方をされ、論争を巻き起こしてきた。特に1980年代に入り、「働く意
志のない」「依存的な人々」が自己責任によって貧困に陥ると Murray（1984,
1990）が論じると、William J. Wilson（1987=1999, 1996=1999）らは、貧困に
陥る要因は個人ではなく産業構造の変容による失業問題など社会・構造的な要
因にあると指摘した。そして貧困研究においても、社会保障や税制などで是正
されるべき経済格差が放置されている再分配の不正義を射程に入れるべきだと
主張した。

　2000年代に入ると、Lister（2004=2011: 21）が「貧困は、不利で不安定な
経済状態としてだけでなく、屈辱的で人々を蝕むような社会関係としても理
解されなければならない」と説き、Alice O'Connor（2001）もまた、貧困者が
「社会からの脱落者」として有徴化されて、従属的な地位に置かれている承認

86　第Ⅱ部　ストリート・ペーパーの言説分析

の不正義への異議申し立てを行った。

　貧困者と非貧困者との間に線引きをし、単なる差異を「劣等性」へと読み替えて非貧困者が貧困者にネガティブな価値判断を付与することを〈他者化〉という（Lister 2004=2011）。〈他者化〉は承認の不正義へと通じ、貧困者自身に貧困の原因を帰すことで自己責任論へと回収されやすい。さらに、社会・構造的な要因が考慮されずに再分配の不正義へと陥る危険性をはらむ。このように、〈他者化〉を経由して、承認と再分配の不正義は密接に関連しており、Lister（2004=2011）は、貧困研究においても両者を考慮した「参加の同等性」を追求すべきだと呼びかけた。そして、特に当事者の声の欠如を問題視した。

　この Lister（2004=2011）の「参加の同等性」の議論は、序章で述べたような Fraser（1992=1999, 1997b=2003）の承認と再分配の両者を追求する議論が下敷きになっており、貧困研究においても承認と再分配の正義をともに射程に入れることが目指されている。だがそれはいかにして可能なのだろうか。

　欧米の貧困研究においては、この〈他者化〉に対抗しようとする言説を、Krumer-Nevo and Benjamin（2010）が３つの語り口[1]に整理している。まず１つ目は「構造／コンテキスト」の語り口である。これは再分配の不正義に焦点を当てるものであり、前述の Wilson（1996=1999）のように、貧困を生み、格差を拡大するような再分配構造や政策を描写することで、個人に貧困の原因を帰する見方を改めることを可能にする。だがこの語り口では、貧困者が構造に翻弄されるだけの客体に甘んじてしまい、貧困者の抱える個人的な痛みや苦境が見えにくくなることも指摘されている（Jarett 1994）。

　上記のような批判を受けて登場したのが、２つ目の「エージェンシー／抵抗」の語り口である。これは Daly and Leonard（2002）のように、創造性や知性を強調するなどして貧困者の行為主体性に焦点を当て、承認の不正義に対抗するものである。だがこの語り口も、過剰に貧困者の主体性や抵抗を理想化しすぎているという批判が出ており、主体性を強調するあまり自己責任論に絡め取られる危険性もある。

　２つの批判を乗り越える可能性があるのが「ボイス／アクション」の語り口

である。これは Johnson-Dias and Maynard-Moody（2007）のように、再分配施策や社会への提言をする存在として貧困者を捉えるもので、いわゆる参加型アクションリサーチも含まれる。この語り口においては、貧困に陥る要因は構造にあるが、そのような構造下においても貧困者が主体性をもって生きていることに焦点が当たっている。つまり、再分配の不正義と承認の不正義を同時に捉えているため、〈他者化〉を乗り越えるヒントがあると考えられている。

　Krumer-Nevo and Benjamin（2010）は欧米の貧困研究を対象としたものであるが、日本のホームレス研究をあらためてこの3つの語り口で整理してみよう。日本のホームレス研究においては、源流である1960、70年代の労働経済学における寄せ場労働者研究では再分配の問題に焦点が当たっており、「構造／コンテキスト」の語り口が用いられていたが、80年代に入ると彼らを改良すべき存在として捉える「社会病理学的」な研究枠組への批判が青木（1989）などによってなされた。そして承認の不正義にも焦点が当たり始め、「エージェンシー／抵抗」の語り口を用いて、野宿者の主体性やアイデンティティに着目した研究（山口 1998）などが続いた。だが、女性野宿者へのフィールドワークを行った丸山里美（2013）は、野宿者の主体性や抵抗を理想化しすぎていると批判している。

　2000年代以降はネットカフェ難民に関する実態調査などが相次ぎ（厚生労働省職業安定局 2007; 大阪市立大学創造都市研究科・釜ヶ崎支援機構 2008; 岩田 2008）、ホームレスの人々が多様化していることが指摘されたが、「多様きわまる属性的差異についての指摘は、問題の具体的把握には貢献するが、ホームレスの人々への蔑みの眼差しを反転させていく契機にはなりにくいのではないか」（堤 2010: 24）という指摘も出ている。「ボイス／アクション」の語り口に対応する、ホームレスの人々とともに社会提言していくような研究は管見の限りまだ見当たらないが[2]、日本のホームレス研究においても、〈他者化〉を乗り越えるために、再分配の不正義を指摘する実態調査とともに承認の不正義を指摘するような研究が求められている。その際、Krumer-Nevo and Benjamin（2010）のように研究の言説を整理するだけでなく、どこまで3つ

88　第Ⅱ部　ストリート・ペーパーの言説分析

の語り口が市民に広く受け入れられうるのかを検討することが重要になるだろう。というのも、ある語り口が発せられ、市民に広く受け入れられて、ホームレスの人々への眼差しが反転した時に初めて、その語り口が〈他者化〉に抗するものとして有効であると言えるからである。

そこで本章では、Krumer-Nevo and Benjamin（2010）の3つの語り口の整理を補助線に、日本においてホームレス問題がその改善を願う人々によってどのように発信され、市民に受け入れられうるのかを確認したい。そのために、ホームレスの人々が販売者を務め、街頭での雑誌販売を通じてホームレスの人々と市民が交流するストリート・ペーパーである『ビッグイシュー日本版』の誌面を分析する。

同誌は特措法が施行された翌2003年に創刊され、当初からホームレスの人々自らが声を発し、それに呼応するような意見・感想が読者投稿欄に寄せられている。そのため、時代を追って同誌の誌面を分析することで、〈他者化〉に抗するホームレスの人々の語り口を市民がどのように受け止めてきたのかを確認することができるからである。

2　調査概要

本章の分析は2段階で構成されている。1段階目として、『ビッグイシュー日本版』がどのように〈他者化〉に対抗してきたのかをKrumer-Nevo and Benjamin（2010）の3つの語り口を通して分析する。そのためにまず、同誌2号（2003年11月6日[3]）〜373号（2019年12月15日）における、販売者のライフストーリーのコーナーである「販売者に会いにゆく」（381号までは「今月の人」）の誌面分析を行った。ホームレス状態に陥る要因や解決策は専門家など第三者によって分析され、社会において「当たり前」と考えられており支配的な言説であるマスター・ナラティブ（桜井2002：36）やある組織・コミュニティ内で自明視されている言説であるモデル・ストーリー（桜井2002：105）が形づくられることが多い。だが「販売者に会いにゆく」では『ビッグ

イシュー日本版』を販売しているホームレス当事者が、自身のホームレスに至る過程や今後の展望について語る。そのため彼ら自身が何を問題視し、どのような解決策を求めているのかを探ることができ、声の欠如を乗り越える可能性があると考えられる。

　次に同じく 372 号分の「読者投稿欄」にも着目し、ホームレスの人々の声が市民にどのように受け止められてきたのかを分析する。この「読者投稿欄」に意見や感想を寄せる読者は、ビッグイシューの活動に対して好意的という限定つきの市民ではあるが、そこからホームレスの人々の声にどのように市民が反応するかを知ることができる。

　2 段階目においては、『ビッグイシュー日本版』で発信されているホームレスの人々の声がどのように形づくられてきたのかについて、ライフストーリーを取材・執筆した記者 3 人に聞き取りをした。というのも、掲載されたライフストーリーはホームレスの人々の自己表象ではなく、当事者・記者・編集部の共同作品といえるものだからである。なお Gabriele Rosenthal and Wolfram Fischer-Rosenthal（2004）によると、インタビューで語られる「ライフストーリー」とインフォーマントによって実際に生きられた「ライフヒストリー」は区別できる。本稿ではこの区別に沿って、「ライフストーリー」という語を用いる。

　「販売者に会いにゆく」に登場する人は自薦や販売スタッフからの他薦を経て、編集部で最終決定され、記事は記者が聞き書きしている。執筆内容は基本的に記者に任されており、編集部の修正はほとんどないという（2019 年 12 月 3 日聞き取り）。そのため今回は、現場の状況をよく知っているであろう記者への聞き取りを行った。

3　『ビッグイシュー日本版』「販売者に会いにゆく」誌面分析

3.1　時代区分と分析方法
　「販売者に会いにゆく」は 2 号（2003 年 11 月 6 日）から開始され、毎号 1

人の販売者が1ページにわたって「なぜホームレス状態に陥ったのか」「現状」「お客さんとのやり取り」「将来の展望」などを語る。373号（2019年12月15日）までで、300人超の国内外のストリート・ペーパーの販売者が実名で近影とともに登場した。

　「販売者に会いにゆく」に登場した国内の販売者は全員男性である。これは第1章の4.1の「日本のホームレスの実態」で言及したように、日本においては女性のホームレスの人々が可視化されにくいということとも関係しており、『ビッグイシュー日本版』における女性販売者も創刊以降20年近く経っても数名にとどまっている。なお、誌面では販売者は実名で登場している[4]が、本章ではプライバシーを考慮して仮名とする。

　この間、ホームレスと呼ばれる人々の実態は大きく変化した。そこで第1章のホームレスの人々の実態の変遷や第2章のマスメディアにおけるホームレス表象と比較するため、本節においても特措法が施行され、制度の上でホームレスの人々が就労自立を目指す「被支援者」として位置づけられた2号（2003年11月6日）～63号（2006年12月15日）までをI期、ネットカフェ難民などに関する実態調査がなされ始め、若年ホームレス問題としても語られ始めた64号（2007年1月1日）～229号（2013年12月15日）までをII期、「子どもの貧困対策の推進に関する法律」（2014年）、「生活困窮者自立支援法」（2015年）が施行されるなど、政策の上でも貧困者が多様化し、「隠れたホームレス」（OECD 2020）の人々の存在が指摘され始めた230号（2014年1月1日）～373号（2019年12月15日）までをIII期として分析し、各期の特徴の変遷を見ていく。

　分析は次の手順で行った。まず、「販売者に会いにゆく」のライフストーリーにおいて、Krumer-Nevo and Benjamin（2010）の3つの語り口に相当する描写があるかを確認し、各期その数をカウントした。その際、ホームレス状態に陥った理由を低学歴やリストラなどの構造に帰するような描写を「構造／コンテキスト」の語り口とした。次に、雑誌売買を通じて知り合ったお客さんと苦境や楽しみの共有により連帯感を育み〈他者化〉に抗している描写を、

表4 「販売者に会いにゆく」における語りの変遷

	Ⅰ期	Ⅱ期	Ⅲ期
登場した日本人販売者	60人	130人	37人
平均年齢	56歳	48歳	50歳
就労自立を明言	56人 （93%）	75人 （58%）	18人 （49%）
出戻り販売者の数	0人	7人 （5%）	8人 （22%）
低学歴・リストラの描写 （構造／コンテキスト）	58人 （97%）	116人 （89%）	31人 （84%）
雑誌売買以外の客との交流の描写　（エージェンシー／抵抗）	3人 （5%）	19人 （15%）	6人 （16%）
オルタナティブな自立観の描写　（ボイス／アクション）	1人 （2%）	3人 （2%）	6人 （16%）

（出所）「販売者に会いにゆく」の筆者による誌面分析より。

ホームレスの人々の行為主体性に着目した「エージェンシー／抵抗」の語り口とした。また、再分配施策への提言や新たな自立観に関する描写は「ボイス／アクション」の語り口とした。そして、この3つの語り口の各期における数の変遷（表4）と内容の質的な変容が顕著な箇所をとらえ、各期の特徴を分析した。

3.2 「構造／コンテキスト」の語り口──Ⅰ期

Ⅰ期にはほぼ50〜60代の日雇いや野宿を経験した中高年男性が登場し、「普通の暮らし」をしていた過去が明かされる。その際に多く用いられているのが、「十分な学歴がないために職を転々とせざるを得なかった」「不況によるリストラ」などの、ホームレス状態に陥った理由を構造に帰するような「構造／コンテキスト」の語り口である。

Ⅰ期に登場した60人のうち中卒が22人、高卒が8人を占め（不明28人）、例えば35号（2005年9月15日）に登場するアベさんは地方出身で「物心ついたときから貧乏のどん底」と語る。中学卒業後、左官屋、パチンコ店、土木

92　第Ⅱ部　ストリート・ペーパーの言説分析

工事など職を転々とした。一方56号（2006年9月1日）のイダさんはIT企業に就職するもバブルが弾け、リストラの対象となった。業界全体が縮小し再就職が難しく、警備員などのアルバイトでしのいできた。

　そのように過去が描写された後、現在「世間一般」と「自分たちの世界」との間に横たわる明確な境界線をこえていくための方策として「仕事」が語られ、登場した60人のうち56人（93%）が「ビッグイシューを卒業して再就職」を目指していると明言する。アベさんも、もし「仕事の話があればすぐにでも行きたいですよ」と語り、イダさんも「チャンスさえあれば、働き盛りの頃に籍を置いたIT業界でもう1度働きたい」と言う。

　3号（2003年12月4日）に登場するウノさんもまた、19歳から上京して職を転々とした後、飯場に流れ着いたが、贅沢をしなくてもいいから会社勤めをしていた頃のように「近所の人と笑い話ができるような『世間一般の中』」に戻りたいという。

　このようにⅠ期では「構造／コンテキスト」の語り口によってホームレス状態に陥った過程が描写され、自立支援法と同様に就労自立を目指す現状が語られることが多い。

3.3　「エージェンシー／抵抗」の語り口——Ⅱ期

　Ⅱ期に入ると、20〜40代の若手販売者も登場し始める。つい最近まで派遣労働に従事していたり、ネットカフェで寝泊まりしたりしている人たちである。Ⅱ期においても、130人中116人（89%）が過去の描写において、Ⅰ期に主流だった「構造／コンテキスト」の語り口を用いている。

　しかし「現状」の語りにおいては、仕事と家族関係における苦境が詳細に描かれることが増える。77号（2007年8月15日）のエンドウさん（37歳）は自らを「いわゆる今問題になっているワーキングプア」と呼び、「仕事探さなあかんなあ、でもろくな仕事無いしなあ」と言う。105号（2008年1月15日）のオノさん（36歳）も27歳の時、派遣請負会社に登録。その後3年間に7つの職場を転々とし、「正社員になるのが、こんなに厳しいとはね」と語る。Ⅰ

期で語られたポジティブな就労観は影を潜め、II期においては真っ当な仕事を得るために苦闘する姿が詳細に描かれる。

　家族関係においても詳細に苦闘が描かれる。191号（2012年5月15日）のカトウさん（32歳）や192号（2012年6月1日）のキヅさん（48歳）のように介護離職の後、唯一の家族を看取るケースや、85号（2008年1月1日）のクサノさん（35歳）や112号（2009年2月1日）のケマさん（35歳）のように児童養護施設出身で「家族を経験したことがない」という語りも見られる。

　II期においてはまた、職を失い、家族関係も変容して1人苦境を生き抜く姿と雑誌販売を超えたお客さんとの「つながり」がコントラストをもって描かれる。156号（2010年12月1日）のコンノさん（51歳）は、販売場所の側のベンチに座ってお客さんが「他愛もない世間話から悩み事まで、いろんなことを」話していくと言い、「この仕事をしていてよかったと思うのは、何よりも人とのつながり」と語る。147号（2010年7月15日）のサトウさん（30歳）はまた、「（お客で）常連のお兄ちゃんとも仲よくなって、今度クレープを食べに行くんですよ」と語り、148号（2010年8月1日）のシマノさん（50歳）は常連となった若いアーティストと自主映画をつくり、イベントも開催したという。II期においては、雑誌売買以外のお客さんとの交流を語る人が130人中19人（15%）おり、I期より交流の深度が増していることが読み取れる。

　このようにII期においては、I期に引き続き過去の描写において「構造／コンテキスト」の語り口が用いられながらも、現状において「苦境や楽しみの共有により非貧困者との連帯感を育むことで〈他者化〉に抗する」というホームレスの人々の行為主体性に着目した「エージェンシー／抵抗」の語り口が目立つようになる。

3.4　「ボイス／アクション」の語り口──III期

　III期に入ると、1度は転職を果たすものの、再び『ビッグイシュー日本版』販売者の仕事に戻ってきた「出戻り販売者」が37人中8人（22%）と増える。

　なぜ出戻るのか？　246号（2014年9月1日）のスマさん（33歳）は大学

で情報メディアを専攻後、IT企業に就職したが、リーマンショックで失職。その後アルバイトを転々とした。生活保護受給時には、自分が何を必要としているのか聞いてもらえず、わかりきった履歴書の書き方を形式的に教える就労支援のあり方に疑問も感じ、「さんざん使い捨てにされてきた会社勤めに舞い戻るのか」という葛藤もあった。そして「今の社会は集団からはずれる人間に冷たい。でも……会社に勤めてちゃんとした家に住むことだけが"当たり前"じゃないんだなと思う。むしろ、そんな枠にこだわりすぎて、社会にひずみが生まれている気がします」と語る。

　宮本太郎（2013）は、リーマンショック以降、高齢・障害・疾病などのはっきりとした就労困難要因をもたない「その他世帯」の生活保護受給者が急増しており、受給したくてもできなかった人も相当数に上ると指摘する。スマさんのように福祉と既存の就労包摂の境界で危うい住環境に生きる人は数多く存在するはずで、Ⅲ期では彼らの存在を可視化している。

　阿部彩（2011）はまた、これまで「役割」を提供してきた労働市場において、「役割」の質が低下していると指摘するが、スマさんの語りにもその実態がにじみ出ている。生活保護のあり方や既存の就労包摂への疑問は、現況の再分配構造そのものに対する不信感である。

　一方、318号（2017年9月1日）のセナさん（47歳）は、「本来、ビッグイシューは卒業して社会復帰していくのが筋だけど」と断った上で、自分も含めて、高齢や障害などのためにどうしてもここに留まらざるを得ない人たちが「この仕事に幻滅することなく、希望を持って」雑誌を売り、「販売者として社会に存在していけるような雰囲気作りに自分も貢献」したいのだという。セナさんは、今ある福祉施策や就労包摂の道に乗らず、雑誌販売の仕事で得たつながりの中で自分なりの「役割」を見出そうとしている。

　Ⅲ期においては明確に就労自立を目標として語る人は37人中18人（49%）となっており、Ⅰ期の56人（93%）、Ⅱ期の75人（58%）から激減している。対して、スマさんのように再分配構造そのものへの疑問を口にし、セナさんのようにオルタナティブな自立観を語る人が6人（16%）と増え、「ボイス／ア

クション」の語り口が見られるようになる。

4 『ビッグイシュー日本版』「読者投稿欄」誌面分析

4.1 読者プロフィールと分析方法

　本節でも、前節同様に3期に分けて「読者投稿欄」[5]の分析を行う。「販売者に会いにゆく」の3期の変遷を読者がどのように受け止めてきたのかを追うためである。

　分析は次の手順で行った。まず投稿を内容に応じて「雑誌売買の場面」「自らの苦境を吐露」「意見・感想」の3つに分類した[6]。3つの割合には、各期大きな差が見られなかったため、さらに「雑誌売買の場面」のうち「ホームレス観の変容が記されたもの」、「自らの苦境を吐露」のうち「特集記事と関係のない苦境を吐露したもの」、「意見・感想」のうち「貧困・ホームレス問題を個人的苦境としてではなく社会問題としてとらえたもの」の数を各期カウントした（表5）。そして、各期における数の推移と投稿の質的な変容が顕著な箇所をとらえることで、ホームレスの人々の声がどのように読者に届いたのかを分析した。

表5　「読者投稿欄」の変遷

	I 期	II 期	III 期
総投稿数（件）	300	668	391
雑誌売買の場面	80件（27%）	100件（15%）	76件（19%）
自らの苦境を吐露	21件（7%）	62件（9%）	28件（7%）
意見・感想	199件（66%）	506件（76%）	287件（73%）
ホームレス観の変容（「雑誌売買の場面」のうち）	80件中42件（53%）	100件中14件（14%）	76件中7件（9%）
特集と関係ない苦境吐露（「自らの苦境を吐露」のうち）	21件中7件（33%）	62件中46件（74%）	28件中13件（46%）
社会問題化（「意見・感想」のうち）	199件中4件（2%）	506件中15件（3%）	287件中19件（7%）

（出所）「読者投稿欄」の筆者による誌面分析より。

読者のプロフィールだが、2019 年の読者アンケート（回答数 1,287 ／有限会
社ビッグイシュー日本 2022）によると、読者の 67% が女性で、男性 30%。40
〜 60 代を中心に幅広い年代層に読まれているという。職業は会社員・団体職
員が 31%、主婦／主夫が 15%、パート・アルバイトが 12%、契約・派遣社員
が 5%、公務員 4%、会社・団体役員が 3%、学生 1%、その他 19% である。な
お、プライバシー保護のため、投稿者名は削除し、文中に出てくる販売者の実
名や販売場所も特定できない形で引用する。

4.2　ホームレス観の変容──Ⅰ期

　Ⅰ期においては、「対面販売の際にホームレスのイメージが変わった」とい
うものが多く寄せられており、「雑誌売買の場面」を描いた 80 件のうち、42
件（53%）に当たる。

　例えば、61 号（2006 年 11 月 15 日）では「帽子をとってあいさつの販売者
さんに思わずエール」（19 歳、学生、愛知県）というタイトルで、販売者の働
く姿が描写される。「正直、ホームレスの方＝怖い、ちょっとおかしい人たち
という偏見」があったと打ち明け、「でも今日××通りの販売員さんと接した
ことでイメージがガラッと変わりました」という。ホームレスの人々の働く姿
に接することで、これまで抱いていたホームレス観を変容させている。

　一方 50 号（2006 年 5 月 15 日）では、京都府の会社員（38 歳）が、元々蕎
麦屋だったがバブル崩壊により経営破綻しホームレスとなった販売者のライフ
ストーリーを知り、「いつかソノダさんのお蕎麦を食べてみたい」といい、55
号（2006 年 8 月 15 日）では、埼玉県の主婦（59 歳）が購入した号の「販売者
に会いにゆく」がたった今雑誌を売ってくれた販売者と気づき、「古くてもい
いから、屋根のあるアパートを借りて、昔親しんだ名曲を聞きたい」という
「ささやかな望み」に、「なんとかならないかと思いました」と記している。

　「構造／コンテキスト」の語り口を用いたライフストーリーとホームレスの
人々の働く姿に接した読者は、販売者を名前で呼び、夢や望みの実現を応援す
るようになっていることが読み取れる。このようにⅠ期においては、「構造／

コンテキスト」の語り口と、特措法同様に就労自立を目指す姿に接することで〈他者化〉を脱し、読者はホームレス観を変容させていることがわかる。

4.3　立場の相互転換と仲間化——II期

　II期に入ると、ホームレス観の変容に関する投稿は 14 件（14%）と減るが、代わりに増えるのが「自らの苦境を吐露」する投稿である。

　「自らの苦境」に関する投稿は各期 7 ～ 9% 見られるが、I 期では「うつ」（7 号）、「HIV」（3 号）など特集に関連して自らの苦境が語られるのに対し、II期においては特集に関係なく吐露するものが 62 件中 46 件（74%）となる。

　例えば 79 号（2007 年 9 月 15 日）では、かつて正社員として働いていたが、1 日 14 時間労働で身体を壊した 31 歳の読者が「その会社も倒産。今は派遣社員です。明日は我が身……」と投書している。また 119 号（2009 年 5 月 15 日）では「私は今、失業中でハローワークに通っています」という 59 歳の男性が、リストラされた時に思わず行きつけの販売者に思いを吐露したエピソードが語られる。

　「家族」に関する投稿についても例えば、76 号（2007 年 8 月 1 日）においては、「バスの運転手をしていたものの過労で退職し、妻とも別れた」という 30 代の男性が、「人生をやり直そうとされている、その姿に共感を覚えます」と語る。また 129 号（2009 年 1 月 15 日）では、シングルマザーだという女性が、「この次の差し入れは何にしよう。そんなふうに自然に考える程度には、販売者さんは私の生活圏の仲間です」という。失業や過労といった「仕事」上の苦境、離婚やひとり親世帯といった「家族」の変容を経験し、II期では、販売者との関係性を語る中で「共感」「仲間」という言葉が用いられている。

　183 号（2012 年 1 月 15 日）ではまた、東日本大震災の時に、交流のあった元販売者が一番にメールをくれたという東京の 37 歳の会社員が「本当にありがたかったです」と語る。この投稿においては「助けるべき存在」であったはずのホームレスに「助けてもらう」という立場の逆転が起こっている。

　II期の投稿欄においては、同時期の「販売者に会いにゆく」で語られたお客

さんとのつながりを重視した「エージェンシー／抵抗」の語り口と共鳴するかのように、読者自らの苦境が吐露され、販売者との関係性を語る中で「共感」「仲間」という言葉が用いられている。また、「助け／助けられる」という立場の相互転換も見られる点が特徴的である。

4.4 社会問題化──Ⅲ期

　ホームレス観の変容したⅠ期、仲間とみなされたⅡ期を経て、Ⅲ期においては「雑誌売買の場面」においても、全76件のうち販売者に一方的に「頑張ってください」というものは8件（11%）にとどまり、「ともに頑張りましょう」と呼びかけるものが15件（20%）となっている。

　「意見・感想」においても、貧困・ホームレス問題を個人に帰するのではなく「皆で考えていく」という社会問題化する視点が見られるようになり、Ⅰ期では4件（2%）、Ⅱ期では15件（3%）だったのが、Ⅲ期には19件（7%）と微増する。だが19件中6件は、ビッグイシュー販売者とは関係のない子どもや女性の貧困に関するものであり、メディアの報道などに影響を受けた可能性も高い。

　一方で、「販売者に会いにゆく」の「ボイス／アクション」の語り口への共鳴は読者投稿欄において見られない。「販売者の自立を応援する」という投書においても、その「自立」は286号（2016年5月1日）、343号（2018年9月15日）などの投書に見られるように「ビッグイシューを卒業して、再就職」というモデル・ストーリーに沿ったままである。

　ここまで見てきたように、Ⅰ期の「読者投稿欄」では、就労自立を目指すホームレスと出会い、「構造／コンテキスト」の語り口のライフストーリーに接することで、ホームレス観が変容し、販売者を応援し始めていた。また「販売者に会いにゆく」においてお客さんとのつながりを重視した「エージェンシー／抵抗」の語り口が見られたⅡ期では、「読者投稿欄」においては販売者の苦境に共鳴するかのように読者自身の「仕事」と「家族」の苦境が吐露され、「助け／助けられる」立場の相互転換もあり、「仲間」と見なされていた。

このようにⅠ期、Ⅱ期の読者投稿欄においては、「販売者に会いにゆく」の語り口に呼応するように読者のホームレス観も変容していた。

だがⅢ期においては、苦境を個人に帰せず、「社会」で取り組むという視点で「ホームレス問題」や「貧困」が語られ始めた一方で、再分配構造そのものへの疑念と新たな「自立」を模索する「販売者に会いにゆく」における「ボイス／アクション」の語り口への共鳴は見られなかった。

5 ストリート・ペーパー発信者の意図

本節では、「販売者に会いにゆく」の取材・執筆に携わってきた3人の記者に聞き取りをし、3つの語り口がどのような編集意図をもって形づくられてきたのかを確認する。3人への聞き取りは、2018年から2019年にかけて、1時間程度の半構造化インタビューをそれぞれ2回行った。3人とも30代から1年以上にわたって取材・執筆に携わっている。

2003年の創刊当初は自己責任論が吹き荒れていたこともあり、ヨナさんは「社会構造を書き込むことによって自己責任への反論を意識していた」という。それは3.2で確認したように、「十分な学歴がないために職を転々とせざるを得なかった」「不況によるリストラ」というⅠ期の「構造／コンテキスト」の語り口に現れている。

一方でユタニさんは、「『ホームレス』とひとくくりにできるものではない」と「個人」の人生ということを意識し、「誌面に登場した本人が『がんばったよな』と思えるもの」にしたかったという。それは3.3で見たように「仕事」と「家族」における苦境を経験しながらもお客さんとそれぞれのやり方で個人的なつながりを育み、生き延びようとするⅡ期の「エージェンシー／抵抗」の語り口に現れていた。

「販売者に会いにゆく」においてはまた、長らくモデル・ストーリーである「再就職による自立」が明確に語られていたが、ヨナさんにとって驚きだったのは「Ⅰ期の日雇いや野宿を経験した中高年男性が、『就労して自立してきた

ことが誇りであり、自らの心の拠り所』であると語る一方で、Ⅱ期の若者の大半が『仕事は苦痛で仕方なかった』と訴えること」だという。

ヤノさんもまた、Ⅰ期では「再就職＝自立」という語りを聞く側の記者も期待していたし、販売者も期待通りに話してくれたという。それがⅡ期では次第に明確に答える人は少なくなり、最近では「ビッグイシューの雑誌販売を仕事として成立させたい」と語る人も目立ち、「こちらが期待するお仕着せの社会復帰のストーリーからは逸脱し、はみ出していく」という。そして「少なくとも販売者の語りにおいては再就職が自立の唯一の道ではなくなっている」とヤノさんは語る。それは、3.4で確認した通り、既存の再分配構造への疑念を語り、独自の「自立」を語るⅢ期の「ボイス／アクション」の語り口に現れている。

聞き取りからわかったことは、Ⅰ・Ⅱ期は「構造／コンテキスト」や「エージェンシー／抵抗」の語り口が記者たちによって意識して用いられていたが、Ⅲ期に入るとお仕着せの「再就職」を語る者が激減し、記者たちを驚かせていた。つまり、ライフストーリーの生まれる現場においても、当初はモデル・ストーリーである「ビッグイシューを卒業して、再就職」をなぞっていた販売者の語りが、Ⅱ期においては不明瞭になり、Ⅲ期においては「逸脱」し、独自の自立観を語り始めていたことがわかった。

6 考察と結論

以上見てきたように、日本のストリート・ペーパーの現場においては「構造／コンテキスト」「エージェンシー／抵抗」の語り口を経て1年ほどたった後に、ようやく「ボイス／アクション」の語り口が登場していた。3.4で、スマさんは既存の福祉施策や就労支援に対する疑念を口にし、セナさんは雑誌販売の仕事で得た人間関係の中で自らの「役割」を探ろうとした。この語り口は、劣悪な労働市場へと戻らせる「包摂」に抵抗する声で、新たな「自立」のあり方を模索する手がかりとなる可能性がある。

このような声が発せられた背景には、社会においては若年ホームレスの急増が「社会問題化」し、ビッグイシューにおいては出戻り販売者の数が増えたことも大きいだろう。このようにホームレスの人々はその時々の状況やマスター・ナラティブに敏感に反応しながら声を発している。

　だが、この声は読者に届いていない。Ⅲ期の読者投稿欄においては、貧困を社会問題化する視点は見られたものの、この「ボイス／アクション」の語り口には共鳴せず、既定路線の「再就職」が「自立」と見なされたままだった。

　それはいまだに、特措法に織り込まれている「就労自立」が社会において強固なマスター・ナラティブとして存在しており、それがホームレス支援の現場においてもモデル・ストーリーとなっていることが理由として挙げられる。つまり、それぞれの語り口が市民に広く受け入れられて〈他者化〉に抗することができるかどうかは社会の意識と無縁ではなく、地域や時代を超えて「ボイス／アクション」の語り口が〈他者化〉に抗するものとして有効であるとは言えないだろう。

　ではなぜ欧米においては「ボイス／アクション」の語り口が有効に働いたのだろうか。様々な要因が考えられるが、1つには、欧米においては1970年代から1980年代頃には既に若年失業者が急増しており、1990年代には安定した生活をもたらさない既存の労働市場への「包摂」に対する批判がなされてきたことが挙げられる（Young 1999=2007; Jordan 1998）。Lister（2004=2011）はさらに踏み込んで、第1節で述べたように「包摂」よりも参加に可能性を見出し、貧困者やホームレスの人々の声に耳を傾けることは彼ら自身のエンパワメントにつながるだけでなく、社会にとっても真に貧困を理解することにつながると説いた。

　そのような流れの中で、政策立案や社会運動の現場でも貧困者やホームレスの人々の声を重視する風潮が見られるようになってきた（Lister 2004 = 2011: 241）。「ボイス／アクション」の語り口の研究も厚みを増し、例えば米国では、Daniel Kerr（2003）がホームレスの人々のライフストーリーを聞き取り、当事者とともにデータの分析を進めることで、「ホームレス状態に陥るのは個人

的病理ではなく、非正規雇用労働市場の拡大や福祉費用の削減といった構造的な要因にある」と結論づけている。また英国では、Peter Beresford（1997）らにより、貧困者とともに福祉国家の未来を探るような研究も行われ、貧困者が単なる情報提供者ではなく、研究においても対等に参加するパートナーとして位置づけられている。このように数十年をかけて貧困者やホームレスの人々の声が社会の歪みを指摘し、新たな社会を構想しうるというふうにマスター・ナラティブが変容していったのである。

　日本においても、前述のようにⅡ期の2007年頃から若年ホームレス問題が周知されてきているにもかかわらず、Ⅲ期の「ボイス／アクション」の語り口が読者に届いていない。その一因として、「就労自立」に代わる、欧米のようなマスター・ナラティブが存在しないことが挙げられるだろう。

　Krumer-Nevo and Benjamin（2010）は研究の言説のみを見て「社会の周縁に置かれている貧困者やホームレスの人々は、貧困について洞察に満ちた独自の視点を持っている」と「ボイス／アクション」の語り口に可能性を見出した。だが、ある語り口が当事者によって発せられ、市民に受け入れられてホームレスの人々への眼差しが反転した時に初めて、その語り口が〈他者化〉に抗するものとして有効であると言えるのではないだろうか。

　本章では、日本においては「ボイス／アクション」の語り口が当事者によって発せられ始めたが、まだ社会には届いていないことが明らかになった。そしてその声が社会に届くためにはマスター・ナラティブの変容が必要であることが示唆された。

　それでは日本においては、どのようにマスター・ナラティブが変容し、ホームレスの人々の声を補強する可能性があるのだろうか。この点については今回検討できなかったため、また改めて検討したいと考えている[7]。

　本章においては国内の販売者のライフストーリーと読者投稿欄の誌面分析を通して、既存の再分配構造への疑念やオルタナティブな自立観を語る販売者の「ボイス／アクション」の語りがまだ読者に届いていないことを確認した。では「降格する貧困」の時代を生きる欧米の販売者はどのような再分配構造への

第4章　〈他者化〉からの脱却　103

疑念やオルタナティブな自立観を語っているのだろうか。次章にて確認していきたい。

注

1) 文中は narrative となっており、各論者がどのように貧困を捉え表象するかに焦点が当たっている。そのため言語表現の総体である discourse（言説）と区別して「語り口」という訳語を当てた。
2) ただし、生活困窮者への支援活動と聞き取り調査から、湯浅（2008）は「溜めのある社会」を現場から提言している。
3) 以降、基本的に、号数の後ろの年月日は発売日を指す。
4) 「販売者に会いにゆく」は原則実名・写真入りでの掲載となるため、登場したのはその条件を了承した販売者のみである点には注意が必要である。
5) 編集スタッフによると、「読者から来た投稿は、9割程度掲載している」（2019年12月3日聞き取り）という。
6) 複数のカテゴリーにまたがるものについては、投稿につけられた小見出しを参考にいずれかのカテゴリーに分類した。
7) モデル・ストーリー変容の可能性は、八鍬（2019）で検討している。

第5章
「降格する貧困」の時代の対抗的な自立観
──欧米の販売者のライフストーリーに着目して

1　本章の目的

　第4章でも述べたように「販売者に会いにゆく」は2号（2003年11月6日）から開始され、毎号1人の販売者が1ページにわたって「なぜホームレス状態に陥ったのか」「現状」「お客さんとのやり取り」「将来の展望」などを語る。377号（2020年2月15日）までで、300人超の国内外のストリート・ペーパーの販売者が実名で近影とともに登場した。

　本章では特に、「降格する貧困」の時代を生きる欧米の販売者のライフストーリーに注目して分析を行うことで、各国の「降格する貧困」の様相の共通点と相違点が見出される可能性を追求する。具体的には、初めて「販売者に会いにゆく」のコーナーに海外の販売者が登場した167号（2011年5月1日）から377号（2020年2月15日）までの125人のうち、欧米の販売者102人が語った「なぜホームレス状態に陥ったのか」「現状」「お客さんとのやり取り」「将来の展望」という語りに着目し、彼らがどのように再分配構造への疑念やオルタナティブな自立観を語るのかを分析する。

2　調査概要

2.1　海外の販売者のライフストーリーができあがる過程
　前述のように、「販売者に会いにゆく」は『ビッグイシュー日本版』内で2

号から開始された、ホームレスの人自らがライフストーリーを語るコーナーである。166 号までは基本的に『ビッグイシュー日本版』の販売者が登場したが、167 号以降、海外のストリート・ペーパーの販売者も登場し始めている。

　167 号以降に登場した海外の販売者のライフストーリーは、独自に取材したものとともに、INSP のニュースサイトである「ストリート・ニュース・サービス[1]」に掲載された各国の販売者のライフストーリーを翻訳・転載しているものもある。筆者は 2004 年から 2015 年まで『ビッグイシュー日本版』編集部に在籍しており、その際に 173 号（2011 年 8 月 15 日）や 197 号（2012 年 8 月 15 日）など海外の販売者十数人にライフストーリーを聞き取り、記事を執筆した。その取材においては、現地のスタッフが同席し、1 時間ほど英語にて聞き取りが行われた。

　「ストリート・ニュース・サービス」から転載する場合には、ホームレス状態に至るまでの人生や経験が様々であることがわかるよう、それまでの人生や人となりが伝わるような記事を編集部が選んでいるという。国内の販売者がほとんど登場したことから海外版の転載を始めたというが、結果的に「海外の販売者が登場することで、ホームレス問題がグローバルな問題であると伝えることができている」（2020 年 10 月 7 日、編集スタッフへの聞き取り）という。

　一方、第 4 章では国内の販売者のライフストーリーを分析したが、国内の販売者に取材する際には、登場する人は自薦や販売スタッフからの他薦を経て、編集部で最終決定される。記事は記者が聞き書きし、最後に販売者に確認してもらったうえで掲載する。「販売者に会いにゆく」のコーナーに関して明文化された編集方針はなく、基本的に内容は記者に任されているが、記者はその時々のマスター・ナラティブ（桜井 2002）に対抗したり、モデル・ストーリー（桜井 2002）を意識したりしながら、記事を執筆しているという。このように販売者のライフストーリーが掲載されるまでには、取材した記者、編集者の手が加わり、その意図が反映されている。そのため、掲載されたライフストーリーは、純粋なインタビューデータではなく、販売者・記者・編集者が共同でつくりあげた作品と位置づける。

特に本章で取り上げる『ビッグイシュー日本版』に掲載された欧米の販売者のライフストーリーには国内外の記者・編集者の手が加わっており、日本でも受け入れられやすいストーリーが掲載されている可能性は高い。そのため欧米の販売者が先鋭的な自立観を語っていても掲載が見送られている可能性があるという限界があることは付記しておく。

2.2　基本データ

　167号（2011年5月1日）から377号（2020年2月15日）に登場した海外の販売者は125人存在するが、その地域別の内訳は表6にまとめた。

　そのうち、今回分析するのは欧州（男性48人、女性15人）と北米（男性26人、女性13人）の102人である。次節以降では、具体的に「なぜホームレス状態に陥ったのか」「現状」「お客さんとのやり取り」「将来の展望」という語りに着目し、彼らがどのように「自立」を語るのかを分析する。

3　海外の販売者のライフストーリー分析

3.1　「なぜホームレス状態に陥ったのか」──描かれる構造と、生き延びようと働く個人

　ホームレス状態に陥る過程を説明するくだりにおいては、地域差やジェンダー差が見られる。地域差としては、欧州ではルーマニアなどからの経済移民やアフリカ諸国からの難民などが男性48人のうち12人（17%）、女性15人のうち7人（47%）を占める。一方、北米ではいわゆるマイノリティと呼ばれるアフリカ系や先住民に属する人々が男性26人のうち9人（35%）、女性13人のうち4人（31%）となっている。

　ジェンダー差で顕著なのは、「結婚生活の破綻によりホームレス状態に陥った」と語る男性は74人のうち13人（18%）なのに対し、女性は28人中12人（43%）と割合が高い。結婚生活破綻の理由として語られるドメスティック・バイオレンスにおいても、男性は1人（1%）、女性は5人（18%）存在する。

第5章　「降格する貧困」の時代の対抗的な自立観　107

表6 「販売者に会いにゆく」、登場販売者の地域別内訳[2]
（167号から377号、海外の販売者のみ）

	男性（人）	女性（人）	そのうち、夫婦（組）	総数（人）
欧州	48	15	3	63
北米	26	13	2	39
オーストラリア	5	3	0	8
アジア	3	2	0	5
アフリカ	2	2	0	4
南米	2	1	0	3
旧ロシア	3	0	0	3
計	89	36	5	125

（出所）「販売者に会いにゆく」の筆者による誌面分析より。

また、ホームレス状態にありながらも、子育てなどのケア労働にも従事している割合は、男性2人（3%）、女性14人（50%）となっている。

逆に、アルコールや薬物などの依存症が語られる割合は男性18人（24%）、女性2人（7%）となっている。また、「病・障害」が語られる割合は、男性21人（28%）、女性15人（54%）、「幼少期の家族関係の悪さ」は男性15人（20%）、女性10人（36%）、「失職」は男性21人（28%）、女性15人（54%）、「犯罪」は男性13人（18%）、女性4人（14%）となっている。LGBTへの無理解が原因の1つとして語られる例も2例ある。

第1章で欧州と米国のホームレスの人々の実態を取り上げたが、移民・難民が増加していること、女性が世帯主となっている家族ホームレスも存在すること、アルコール・薬物依存症を抱えている人も多いことなど、その実態と近い人々が海外のストリート・ペーパー販売者として誌面に登場していることがわかる。

それでは実際に、「なぜホームレス状態に陥ったのか」という説明がどうなされているのか、語りを見ていきたい。

例えば欧州では、前述のようにルーマニアなどからの経済移民やアフリカ諸国からの難民などが「販売者に会いにゆく」に登場した男性販売者48人のうち12人（17%）、女性15人のうち7人（47%）を占める。

234 号（2014 年 3 月 1 日）に登場したドイツ・ハンブルク『ヒンツ＆クンツ』販売者のイオネル＆ミラベラ夫妻も、より良い暮らしを求めてルーマニアの小村バチョウからハンブルクにやって来た。

　　バチョウはトウモロコシ農業を営む貧しい村で、そこには小学校しかない。高等教育を受けようと思ったら、村から 55 キロ離れた街まで行かなければならない。そして、そのためのお金を持っている人もほとんどいない。舗装された道は村の中の中央通り 1 本だけで、それ以外の場所では、雨が降れば膝までぬかるみにつかって歩かなければならないという。

と、ルーマニアでの暮らしが描写された後、

　　ドイツで 6 ～ 10 年がんばって働いてお金を貯めれば、ルーマニアに小さな家を買うことができます。

とイオネルは語っている。祖国ルーマニアにおける絶対的貧困状態の暮らしが詳細に語られ、ドイツで雑誌販売の仕事に従事し、懸命に働く夫妻の姿が浮き彫りになる。
　アフリカ諸国からなどの難民たちの語りにおいても、同様に故郷を後にせざるを得なかった構造が記されている。271 号（2015 年 9 月 15 日）のスイス『サプライズ』販売者のアリ・ヌール・モハメドも祖国ソマリアで内戦が勃発したことで、スイスに亡命した。そして現在の生活について、

　　妻も『サプライズ』の販売をしていて、二人ともドイツ語講座を受けています。私はソマリア語、アラビア語、イタリア語、英語の 4 ヵ国語を話せますが、この歳でドイツ語を習得するのは、それほど簡単なことではありません。

と働きながら異国の文化に馴染もうとする苦境が描かれる。

　一方、北米ではいわゆるマイノリティと呼ばれるアフリカ系や先住民に属する人々が、マイノリティとして生きる苦境を詳細に吐露する。

　375号（2020年1月15日）に登場したカナダ『メガフォン』販売者のスーはカナダの先住民タラーミン族に属する。12人きょうだいの末っ子だったが、薬物依存症、アルコール依存症、交通事故などで身内が次々に命を落とし、今は姉1人、兄1人しか残っていないという。2017年から『メガフォン』の販売を始めるようになり、「周りのみんなは私のことをタフな女性だと言います」と語る。

　欧米で、移民・難民やマイノリティではなくホームレス状態を経験している人の語りにおいては、前述したような「幼少期の家族関係の悪さ」「アルコール・ドラッグ依存症」「失職」「病・障害」「犯罪」などの要因が複雑に絡み合って語られる。

　例えば筆者がインタビューをした、173号（2011年8月15日）に登場した『エルリック・オスロ』のニルス・クリステ・ムーディン（41歳）は父親の顔を知らず、施設で育った。その施設で年上の子どもたちに教わって、ヘロインを始めたのは12歳の時だった。

　　初めてヘロインを体験した時は、「うぁー、こりゃすごい！」って思ったね。すぐにとりこになって、3週間もしたら依存症になっていた。それからは地獄だったね。

　1日に最低3回はヘロインを摂取しないと禁断症状が出る。そして、1回に必要なヘロインに200ノルウェー・クローネ（約3千円）かかった。ヘロインを買うお金ほしさに犯罪に手を染めるしかなかった。「『エルリック・オスロ』の販売者をする前は何をしていたの？」と尋ねると、「僕はドラッグ依存症の犯罪者で、物乞いだったよ」という。

　178号（2011年11月1日）に登場した、ドイツ・ミュンヘン『BISS』の

マーティン・ベラソーも、家族との折り合いが悪く、20歳の時に地元を離れてミュンヘンにやって来た。

　　最初の夜は、カールスプラッツ駅で寝たんだけど、冬の寒い日でね。周りはみんな僕より年上だったし、怖かったよ。寒さと怖さを打ち消すために、酒をがぶ飲みしたのを覚えている。

と語っている。その後、マリファナ、ヘロインにも手をだし、アルコールとドラッグの依存症者になっていった。

　このように、「なぜホームレス状態に陥ったのか」の語りにおいては、絶対的貧困、内戦などのマクロな要因や、「家族関係の悪さ」「アルコール・ドラッグ依存症」「失職」「病・障害」「犯罪」といった人生の苦境を詳細に描きながら、その構造や環境のもとで生き延びようと必死にもがく個人の姿が描写されている。

　一方、女性の語りにおいては、前述のように「結婚生活の破綻によりホームレス状態に陥った」と語る女性は28人中12人（43％）と割合が高い。257号（2015年2月15日）、英国『ビッグイシューノース版』のエマ・フォランは

　　結婚したものの、相手が暴力をふるう人で、精神的に追い詰められた私は、仕事を辞めざるを得ませんでした。そして、結婚生活に終止符を打った時、私の手元には何も残っていませんでした。

という。

　252号（2014年12月1日）、米国『コントリビューター』のアイリーン・Bもまた、2度ドメスティック・バイオレンスが原因で離婚を経験した後、橋のたもとでの路上生活を4年間経験した。

　343号（2018年9月15日）、ドイツ『ドラウセンズアイター』のリンダも、夫の暴力から逃げるために家を出て路上生活を余儀なくされた。

そのうちひどい肺炎になり、1年間寝たきりになって仕事もなくなりました。さらには子どもが家を出ていきたいと言い出し、いきなり一人ぼっちになってしまった。友達も家族も収入もなく、家賃の滞納で家からも追い出されて、私の人生はガラリと変わってしまいました。

　このように、DVにより結婚生活の破綻を経験した女性たちは、「手元には何も残っていなかった」「友達も家族も収入もなく」と文字通り着の身着のまま家を出ている。
　また、ホームレス状態に陥っても、育児などケア労働を担っている女性が14人（50％）存在している。
　312号（2017年6月1日）に登場した米国『コントリビューター』販売者のヴィッキーも夫の虐待から逃れるために家を出たが、「私がこうして路上に立つのは、家族を養うため」と語り、母親と2人の子どもと一緒にトレーラーハウスで暮らしながら、販売をしているという。
　女性たちの語りにおいては、近代家族における性別役割分業を担わずに、単身女性として生きることが極めて困難な実情が描かれる。そして、ホームレス状態に陥っても、子育てなどのケア労働を担っている人も少なからず存在するが、「自立」しているとみなされないことが示唆されている。
　LGBTの人の語りにも、ジェンダー規範に沿えないことから、家族との縁を断ち切り、ホームレス状態に陥っている様が描かれている。336号（2018年6月1日）の、米国『ストリート・ルーツ』販売者ティナは、ポートランドのシェルターに暮らす現在の暮らしぶりを問われ、

　ずっと自分自身を欺いてこなければならなかったけど、そんな日々とはさようなら。文字通り、胸のつかえが取れました。

と語っている。

このように、女性たちや LGBT の人々の語りにおいては、性別役割分業を担わずに生き延びることの困難さが描かれ、その構造下における個人の苦境が描かれている。

以上見てきたように、「なぜホームレス状態に陥ったのか」の語りにおいては、絶対的貧困、内戦などのマクロな要因や人生の苦境を詳細に描きながら、その構造や環境のもとで必死に生き延びようとする個人の姿が描写されている。また女性や LGBT の人々の語りにおいては、近代家族における性別役割分業を担わずに生き延びる困難さが描かれている。

3.2 「現状」と「お客さんとのやり取り」

3.2.1 仕事による承認

この項では、特に自立観との関わりに着目しながら、「現状」「お客さんとのやり取り」の語りを分析したい。

まず「現状」の語りにおいては、福祉に頼ったり、犯罪に手を染めたりすることなく、仕事で収入を得ていることへの誇りが語られる。

例えば、前出の 173 号（2011 年 8 月 15 日）のノルウェー・オスロ『エルリック・オスロ』のニルス・クリステ・ムーディン（41 歳）は、現在の雑誌販売の仕事についてこう語る。

> 物乞いだった時には、誰も僕に近寄ってこようとはしなかった。でも今じゃ、いろんな人がフレンドリーに僕に近寄ってきて、話しかけてくれる。もう犯罪に手を染めなくていいし、物乞いをしなくてもいいんだよ。こんなに素晴らしいことはないよね。

197 号（2012 年 8 月 15 日）に登場した、ソロベニア・リュブリャナ『Kralji Ulice』のアレシュ・チェラコビッチ（41 歳）もまた、

> この仕事をやり始めてから、初めて自信というものをもてるようになった

第 5 章　「降格する貧困」の時代の対抗的な自立観　113

よ……だって、チャリティや犯罪ではなく、ちゃんと自分で稼いだお金を手に入れられるんだから。

という。

ニルスの語りでは仕事を通して人々から承認を得ている姿が、またアレシュの語りでは雑誌販売の仕事によって自尊心を取り戻した姿が描かれている。

「販売者に会いにゆく」に登場したストリート・ペーパー販売者たちの語りにおいて、男性の44人（59%）、女性の21人（75%）が「収入があること」「人とのかかわりがあること」をストリート・ペーパーにかかわる魅力として挙げており、「この仕事によって自尊心を得られる」という語りも男性の8人（11%）、女性の5人（18%）に見られる。

女性の語りにおいても、371号（2019年11月15日）に登場した、『ビッグイシューアイルランド版』のローザが

生活のための努力は惜しみません。日々6時間、私が路上に出ているのは決して物乞いのためではなく、働くために立っているのです。

と語っている。

Paugamは、人々に依存して生きることは「たとえ一時的なものであろうとも、社会がかれに与え、最終的にかれら自身が内面化するネガティブなイメージとともに生活すること」であるという（Paugam 2005＝2016: 19）。ニルス、アレシュ、ローザの語りにおいては、「被支援者」という表象から脱却し、仕事を通して他者から承認を得て、自尊心を取り戻す姿が描かれる。そして、仕事を通して他者から承認を得るということに関しては、語りにジェンダー差がそれほど見られない。

では、このライフストーリーで描かれている「仕事で市民社会から承認を得る」姿というのは、社会が要請する就労自立とどのような違いがあるのであろうか。以下で具体的に見ていきたい。

3.2.2　主体性と信頼関係

　人はホームレス状態に陥ると、様々な場面で、包摂策の客体となってしまう。1980 年代後半に、ワシントン DC に隣接する市にある女性ホームレスのためのシェルターで参与観察をした E・リーボウは、シェルターでのタイムスケジュールを詳細に記している（Liebow 1993=1999）。午前 5 時半には電灯がつき、5 時 45 分にセルフサービスの朝食、7 時までにシェルターを退去しなければならない……という具合である。

　その状況は時を経てもそれほど変わっていない。320 号（2017 年 10 月 1 日）に登場した、米国・コロラド『デンバー・ボイス』のシンシア・エリントンは、シェルターでの暮らしについて「ここでは、すべてのことに順番を待つんです」と語る。そして、シェルターのベッドで目覚めた後は、シャワーを浴びるため、合計 1 時間も列に並び、次にタオルを受け取るための列、浴用タオルの列、ヘアアイロンの列、そして化粧台の列と並んだことが描かれる。

　だからこそ、仕事の場面において、自らの裁量を生かせるのは大きな意味があることのようだ。298 号（2016 年 11 月 1 日）に登場した、米国・シカゴ『ストリート・ワイズ』のドン・スミスにとって、ストリート・ペーパー販売の仕事は「自分にとってまさにぴったりの場所だった」という。というのも、「よかったのは働く時間を自分で決められ、自分で仕事を仕切れる」からだと話す。

　一方で、長い時間をかけて他者との間に信頼関係を築いていく様子も描かれる。例えば、176 号（2011 年 10 月 1 日）に登場した、オーストリア・ザルツブルク『アプロポ』のゲオルグは、

　　声をかけても初めは無視をされる。でも、ずっと街頭で立ち続けていると、次第に挨拶を交わすようになり、最後には雑誌を買ってくれる人もいる。その瞬間がたまらないね。

と話し、330 号（2018 年 3 月 1 日）に登場した、米国・シカゴ『ストリー

ト・ワイズ』のマービンも、

> 毎日、同じ人たちを見ているから自然と人間関係ができます。これは販売
> を続ける上で最も重要な要素だと僕は思う。同じ場所に立ち続けること
> で、僕はお客さんに慣れるし、お客さんも僕に慣れて信頼関係ができるか
> ら。

と言い、一つ所で雑誌販売に従事することで、次第にお客さんや周りの人た
ちと信頼関係を築き上げていることが示唆される。
　さらに、257 号（2015 年 2 月 15 日）に登場した英国『ビッグイシューノー
ス版』のエマ・フォランは

> 数日でも私の姿を見かけないと大丈夫なのかと声をかけてくださる常連さ
> んが、すでに何人かいます。お客さんとは会話を楽しみ、冗談を言い合っ
> たりします。

と語り、236 号（2014 年 4 月 1 日）に登場した、ロンドン・英国『ビッグイ
シューロンドン版』のシャロンも

> 一番驚くのは、お客さんたちが心の奥にしまってあった秘密を私に明かし
> てくれることです。仕事をなくして泣き崩れた女性や、産休に入るためお
> 別れにきた女性もいました。その女性は何年も努力してなかなか赤ちゃん
> を授かれずにいたのですが、やっと妊娠できた時報告に来てくれて、二人
> で飛び跳ねて喜びました。こうしたお客さんがいらっしゃるから私もがん
> ばれるのです。

と言う。長い時間をかけて読者との間に信頼関係を築き上げると、その関係
性も一方的に販売者が助けられるものでなく、助け・助けられる関係性へと移

行していっている。

さらに、ストリート・ペーパーにおける人間関係を「家族」と喩える表現も登場する。例えば、202号（2012年11月1日）に登場した、セルビア『リツェ・ウリツェ』のミルコは、販売者仲間を「自分を支えてくれる家族」と表現し、278号（2016年1月1日）に登場した、ギリシア『シェディア』のバナギオティは「僕はここで第二の家族を見つけた」と語っている。

301号（2016年12月15日）の米国『コントリビューター』のカーティスは、癌を患った時、お得意さんたちがカンパをしてくれたという。

> 手術の日を決めた医師に、私はまず働いて手術代を貯めなければと伝えました。お客さんたちにそうした事情を話したところ、みなさんが手術代をカンパしてくれたのです。なかでもノースさんという男性は、もし十分なお金が貯まらなかったら、自分に電話をするようにと言いました。足りない分は、それがいくらであれ払うからと。実際、彼はそうしてくれました。今も、道行く人たちが毎日私に声をかけて、調子はどうか、痛みはあるかと聞いてくれるんです。

「人とのかかわり」をストリート・ペーパー販売者を務める魅力として挙げる人は、男性の74人中44人（59％）、女性の28人中21人（75％）にのぼった。長時間かけて信頼関係を築いた先にロバート・グディンの「傷つきやすさを避けるモデル」（Goodin 1985）のような、他者の「傷つきやすさ」に応答し責任を引き受けるような関係性が生まれている。カーティスの例では、頼る人のいない彼の「傷つきやすさ」にお得意さんたちが応答し、責任を果たしている[3]。それはCarol Gilligan（1982=1986）が指摘するような、他者に応答されないことによって傷つく可能性のある存在を放置しない「ケアの倫理」に基づく責任の果たし方ともいえる。

そしてそのように時間をかけて築き上げた人間関係の中で、自分なりの役割を見つけていく様子も描かれている。例えば、210号（2013年3月1日）に登

場した、フランス・パリ『マカダム』のフィリッペ・ムイヤード（48歳）は、

> 僕の役回りは、販売者と編集チームとの橋渡しを務めること。「この号は
> お客さんの反応がよかったな」とか「いまいちだったな」というのを販売
> 者から聞き出して、それを編集スタッフに伝えるんだよ。それに販売者同
> 士の絆を強めるために、頻繁に会えるようなイベントを企画したりもして
> いる。こんな役を与えてもらったら、仕事にも張り合いが出るよね。

と語り、雑誌販売以外にも、自分なりの「役割」を見出している。

284号（2016年4月1日）、イタリア・ミラノ『スカルプ・デ・テニス』の
モニカも、実際に路上生活を経験した当事者として、編集チームの中で当事者
とそうでない人との間の橋渡しをしていると語り、前出の298号（2016年11
月1日）、米国・シカゴ『ストリート・ワイズ』のドン・スミスはまた、後輩
の販売者のための指導役も務めている。

ここまで見てきたように、ライフストーリーで語られる就労自立は、単に雑
誌販売で収入を得るだけではなく、「主体性を持って仕事に取り組めること」
「長い時間をかけて築き上げられた人間関係があること」「築き上げた人間関係
の中で自分なりの役割を見出すこと」という面が描かれている。

近年、包摂する側の社会の雇用状況の悪化が指摘されている（Young
1999=2007; Jordan 1998; Lister 2000）。阿部（2011）は、非正規雇用拡大の弊
害は、生活基盤を築けないことという語られ方がされるが、それと同じくらい
問題なのが、包摂する社会の側の「役割」の劣化であるという。そして「職場
で『アルバイトさん』などと名前でさえも呼ばれず、人間関係も育まれず、不
景気になればモノのように切り捨てられる。次の職に就いたときに評価される
ような経験を得ることはない。このような職では、社会から『承認』を得たと
感じることは、極めて難しいのではないだろうか」（阿部 2011: 113）と指摘し
ている。

収入だけ見れば、雑誌販売の仕事を踏み台にして、既存の労働市場へ転職す

る方が安定した収入が見込めるだろう。だが、なぜ転職せずに雑誌販売の仕事にとどまるのか考えてみると、就労においてライフストーリーで描かれているような3つの点、つまり「主体性を持って仕事に取り組めること」「長い時間をかけて築き上げられた人間関係があること」「築き上げた人間関係の中で自分なりの役割を見出すこと」が考慮されているからだろう。

このように、「現状」と「お客さんとのやり取り」の語りにおいては、自分の裁量でできて、納得する役割のある仕事によって収入を得ることで、他者からの承認を得たと感じることができ、自尊心にもつながっていることが示唆されている。そして雑誌販売という仕事で得た人間関係において、自らの「傷つきやすさ」に応答してくれるようなケアの倫理（Gilligan 1982=1986）が織り込まれた関係性も築かれうることが示されていた。

3.3 「将来の展望」—— 時間をかけて、支える存在へ

「将来の展望」はどのように語られているのだろうか。

前出の288号（2016年6月1日）、カナダ・モントリオール『リティネレール』のアラン・ルパージュは自立するために、社会的に容認されるものに異常にのめり込んだという。そして、

> 自分の自立性を高めることばかりに多くのエネルギーを費やしていました。そして気がつくと、成功や失敗、悲しみを分かち合う人が、周りに誰もいなくなっていたのです。

と語る。この語りは、「自立」は独力のみで生きていくことでは決してないことを示唆する。

252号（2014年12月1日）に登場した、米国『コントリビューター』のアイリーン・Bも、

> 私を受け入れてくださってありがとう。精神面で、経済面で、そしてあら

ゆる意味で、よりよい暮らしを手に入れる機会をいただけて、感謝しています。おかげで、自分の人生が価値あるものだと、やっと思えるようになりました。

と語り、「仕事」「人とのかかわり」の両方を得ることで、ようやく自尊心を取り戻している様子が記されている。アランとアイリーンの語りからわかることは、「承認を得るには、承認をしてくれる他者の存在が必要である」こと、そしてそのため一人では「自立」できないということである。齋藤（2000）が他者を失うということは応答される可能性を失うことを意味すると語り、Arendt（1968［1951］=1974）が他者による応答の可能性を喪失した生を「見棄てられた境遇」と呼んだように、私たちは「自立」するために他者を必要としているのである。

239号（2014年5月15日）に登場した、米国・シアトル『リアル・チェンジ』のマイケル・ジョンソンはまた、「ストリートでほかの販売者を見かけると、仲間意識を感じる」と言い、

多くの人の助けを借りてここまで戻ってこられた。だから僕はこれから、恵まれない人々とともに働きたい。その中で、他の人たちとともに助け合って生きていきたい。

と言う。

このように「将来の展望」の語りにおいては、ストリート・ペーパーの販売を通じて知り合ったお客さん、スタッフ、販売者仲間といった人とのつながりの中で「承認」を得ることで、自分の人生を肯定できるようになった様子が描かれる。そして今度は、自らが助ける側に回ることが「自立」と考えられていることがわかる。つまり3.2.2で述べたGoodinの「傷つきやすさを避けるモデル」やGilliganのケアの倫理に基づいたような、自らの「傷つきやすさ」に応答してもらった経験が、今度は自らがその「傷つきやすさ」に応答して責任を

120　第Ⅱ部　ストリート・ペーパーの言説分析

果たす側に回ることを志向させ、それが「自立」だと考えられている。

4 分析と結論

　本節では改めて、欧米の販売者のライフストーリーを通して、どのように既存の再分配構造への疑念やオルタナティブな自立観が語られたのかを確認したい。

　ホームレスの人々が語る「自立」にも、「就労自立」が織り込まれており、それは脱工業化社会においてもマスター・ナラティブ（桜井 2002）であり、雑誌販売の仕事でホームレス支援を謳うストリート・ペーパー内のモデル・ストーリー（桜井 2002）でもあった。

　だが、ホームレスの人々が語る「自立」には、単に収入を得るということのほかに、「主体性を持って仕事に取り組めること」「長い時間をかけて築き上げられた人間関係があること」「築き上げた人間関係の中で自分なりの役割を見出すこと」という面が存在した。またその人間関係においては販売者が抱える「傷つきやすさ」に応答できる人が応答し責任を果たすという「自己責任」とは別様の責任のあり方が現れていた。

　それでは、ストリート・ペーパー販売者がライフストーリーで語った自立観はどこが対抗的であったのだろうか。

　第3節で、自らの性的指向を家族に理解されず家を出るしかなかったティナは、

　　ずっと自分自身を欺いてこなければならなかったけど、そんな日々とはさようなら。文字通り、胸のつかえが取れました。

と語っている。また、離婚に端を発してホームレス状態に陥ったアイリーン・Bは、「私を受け入れてくださってありがとう」と語った。そして「おかげで、自分の人生が価値あるものだと、やっと思えるようになりました」とい

う。暴力を振るう夫から逃れ、「妻」というジェンダー役割を担えず、病から定職にも就けず単身生きる彼女には社会に居場所がなかった。だが、性別役割分業を担わずとも、就労自立していなくとも受け入れたストリート・ペーパーという場が、彼女の居場所となり、その「承認」から「自尊心」を得て、人生を前向きに歩み始めている。

　ここで描かれているのは、各国のホームレス施策における「自立」とは真逆の発想である。就労自立したら、ジェンダー役割を担えたら包摂されるというのではなく、自活できていなくても、単身であっても、まず受け入れられてからそれぞれの「自立」の道を探っていくという発想の転換がそこにはある。

　ストリート・ペーパー販売者の語りから見えてきたことは、「雑誌販売という仕事による収入と承認」「長時間かけて築き上げられた人間関係」を通じて、まず自分を取り戻し、出会った人たちと助け合いながら生き延びるという相互に依存した「自立」のかたちだった。その関係性の中で、3.2.2のカーティスのお得意さんたちのように彼の「傷つきやすさ」に応答して責任を果たす者もいた。そして自らの「傷つきやすさ」に応答されたものは次は自らが他者の「傷つきやすさ」に応答する側に回るという「自立」が目指されていた。

　では次に、ホームレスの人々と市民が共に活動する対抗的公共圏であるストリート・ペーパーを通してホームレスの人々が自らのライフストーリーを語り、対抗的な自立観を提示することは、ホームレスの人々にとって、ストリート・ペーパーに関わる人々にとって、また主要な公共圏にとってどのような意味・意義のあることなのだろうか。

　まずホームレスの人々にとっての意義を考えてみたい。Gayatri Chakravorty Spivak（1988=1998）は、その語りが言説の領域から排除されてしまい、自ら自身について語ることが不可能な人々が存在することに注意喚起をしたし、齋藤（2000）はまた、公共的空間は、言語的なコミュニケーションの領域であり、もしある者の語りが構造的に排除されているのだとすれば、彼（彼女）は公的空間に現れていないと指摘した。したがって、これまで語る口をもたず、社会から聞く耳ももたれなかったホームレスの人々の語りが届けら

122　第Ⅱ部　ストリート・ペーパーの言説分析

れることで、彼（彼女）らはようやく公的空間に現れたということができる。

3.4.1 にてニルスが「物乞いだった時には、誰も僕に近寄ってこようとはしなかった。でも今じゃ、いろんな人がフレンドリーに僕に近寄ってきて、話しかけてくれる」と語ったように、ホームレスの人々は他者から応答されない見棄てられた境遇（Arendt 1968［1951］=1974）を多少なりとも経験している。齋藤（2000）が指摘するように、「自らの言葉が他者によって受け止められ、応答されるという経験は、誰にとっても生きていくための最も基本的な経験」であり、「この経験によって回復される自尊あるいは名誉の感情は、他者からの蔑視や否認の眼差し、あるいは一方向的な保護の視線を跳ね返すことを可能にする」だろう。ホームレスの人々が自身の言葉で自らのホームレス体験を語り、それに聞く耳を持つ人たちがいるというのは、Lister（2004=2011）や Kerr（2003）が指摘するように、それ自体がホームレスの人々のエンパワメントにつながる可能性を秘めている[4]。

次にストリート・ペーパーという対抗的公共圏にとっての意義を考えてみたい。3.2.2 のカーティスの例を見ると、ホームレスの人々が公的空間に現れたことにより、彼らの「傷つきやすさ」に読者も応答する機会を得ている。そして他者の「傷つきやすさ」に応答するケアの倫理に基づく責任を果たすことを実践している。そのようなライフストーリーに誌面で接することで、読者やストリート・ペーパー関係者も、ホームレスの人々の回復の語りに共鳴し、自己責任とは別様の責任のあり方を学ぶ機会となっていると考えられる。

Ken Plummer（1995=1998: 408）が指摘するように、ストーリーが生み出されるには、それを受け入れてくれるコミュニティがなければならないが、それと同時に、コミュニティそれ自体もストーリーの語りを通して構築されている。つまりライフストーリーによってストリート・ペーパーという場の性格が再帰的に確認され、構築されていると考えられる。

最後に主要な公共圏にとっての意義を考えてみたい。齋藤（2000: 50）は、世界は一人ひとりにとって違った仕方で開かれていると言い、ある人の意見が失われることで他にかけがえのない世界へのパースペクティブが失われるこ

とを問題視している。つまり、ホームレスの人々の声が届けられたということは、公共的空間にとってもまた、新たなパースペクティブを得たということができるだろう。

では、その新たなパースペクティブとはどのようなものだったのだろうか。それは、劣化した雇用に包摂することへの異議申し立てであり、性別役割分業に則らなくても生き延びることができる道筋が必要であるという女性やLGBTの人たちの声である。また一人で自活して生き延びるという自己責任による自立ではなく、長い時間をかけて築き上げられた関係性の中でそれぞれの「傷つきやすさ」に応答し合って生き延びるという、ケアの倫理が織り込まれた自立観である。

第4章と比較すると、国内の販売者のライフストーリーにおいて語られていた既存の再分配構造への疑念や新たな自立観が語られている点は共通していたが、欧米の販売者のライフストーリーには女性やLGBTの人々が登場したことによりジェンダーの視点が加わっている。そして「仕事」「家族」をめぐる大きな物語が揺らぐ「降格する貧困」の時代において「傷つきやすさ」に応答し合って生き延びるという自己責任とは別様の責任のあり方が描写されている。

第1章において、EU、米国、日本では、ホームレス施策に就労自立が織り込まれていることを確認したが、結果ホームレスの人々は「働く気のない怠け者」「福祉依存」と有徴化されてきた。だが彼ら自身が「なぜホームレス状態に陥ったか」を語るライフストーリーには、むしろ包摂する側の社会の問題点が指摘されていた。

ホームレスの人々の語りは、包摂する側の社会が現在抱える限界を指摘し、オルタナティブな自立のあり方を模索し始めている。そしてそのオルタナティブな自立のあり方は、これまで貧困・ホームレス研究が提示したような「包摂の客体ではなく参加の主体へ」といった主張や「ケアの倫理」「相互依存」という概念とも共鳴しながら、読者やストリート・ペーパー関係者たちとの人間関係を通して、より具体的・実践的にその可能性を追求したものだと言える。

124　第Ⅱ部　ストリート・ペーパーの言説分析

実際の現場において販売者の語りに見られるような「主体性を持って仕事に取り組めること」「長い時間をかけて築き上げられた人間関係があること」「築き上げた人間関係の中で自分なりの役割を見出すこと」や、ケアの倫理が織り込まれた相互依存の自立というものはどこまで実現されているのだろうか。これらについてはまた改めて第9章にて検討したいと考えている。

　ここまで第Ⅱ部においてはストリート・ペーパーの言説に焦点を当てて分析を行ってきた。続く第Ⅲ部においては日常的実践に焦点を当てて、どのようにホームレスの人々と市民との活動が生成・展開していくのかを考察していく。

注

1）https://insp.ngo/news/ を参照のこと。

2）内訳はストリート・ペーパーの販売地域で分けており、登場した販売者の出身国ではない。

3）同様の例は、『ビッグイシュー日本版』販売者にも見られる（2020年10月聞き取り）。長年お得意さんだった複数名のお客さんのカンパによって、入院費用が賄われたという。どのようにこの責任の応答がなされていくのかについては、第9章にて検討したい。

4）一方で、ストリート・ペーパー内には雑誌販売の仕事でホームレスの支援を行うというモデル・ストーリー（桜井2002）が存在するため、雑誌販売の仕事に就けない人や就労自立自体を否定するホームレスの人々の声はストリート・ペーパーという対抗的公共圏からも排除されていることについては注意が必要である。

コラム　ホームレス研究におけるアクション・リサーチの可能性

注目されるアクション・リサーチ

　第4章と第5章でホームレスの人々のライフストーリーを聞き取り、当事者とともにデータの分析を進めたDaniel Kerr（2003）の試みを取り上げた。

　このように当事者と専門家がある社会課題についてともに学び、実践していく研究スタイルであるアクション・リサーチは、近年国内外で注目を集めている。ホームレス研究においても全泓奎（2022）が、「貧困層や社会的弱者の地域と社会との関わりという関係的な側面や、それによって貧困家と排除をもたらすメカニズムという動態的なプロセスを明らかにすることを目的」（全 2022: 14）に当事者のライフストーリーを用いたアクション・リサーチを行っている。

　全（2022）はライフストーリーを用いたアクション・リサーチの特性を以下の3つにまとめている。第1に時間的パースペクティブを内蔵しているので、対象を過程として把握することが可能である点。第2に全体関連的な対象把握を志向している点。第3に主観的現実に深く入り込み、内面からの意味把握が可能である点、である。

　そして、そのような調査を敢行するにあたって調査対象者とのラポール（信頼関係）の形成が重要であったという。「ある意味では他者でしかない調査者が調査対象者のライフ・ヒストリーを聞き取るのだから全幅的な信頼関係の構築は欠かすことができず、またそれが言述データの信頼性にもかかわるのである」（全 2022: 17）。

　安里和晃（2022）ではまた、コロナ禍における外国人住民とのアクションリサーチのあり方について考察している。そして「困窮世帯に対する支援の必要性を目の当たりにし、謝金や食糧支援の紐付けた『互恵性』と関係の継続にこだわった」（安里 2022: 117）と振り返る。

　Kerr（2003）、全（2022）、安里（2022）のように、ホームレス研究や生活

困窮の現場に携わる研究者たちにより、調査対象者を単なる対象とみなさず、彼らを深く理解し、生活に関与するアクションリサーチの手法は広く採用されている。

フィールドにおける「関与」問題

だが一方で、そのようなフィールドワークにおける「関与」は長らく人類学や社会学の分野において議論がなされてきた。松田素二（2020）が詳述しているが、ここでは特に2つの論点を取り上げたい。

1つは、どこまで研究者は調査対象者に関与するのかという問いである。フィラデルフィアの黒人居住区でなされた参与観察の産物であるAlice Goffman（2014=2021）は、刊行直後から多くの批判にさらされた。そのうちの1つが、犯罪者と調査者との倫理的関係についてであった。そして、フィールドにおいて調査者はどこまで調査対象者に「関与」するべきなのかという問いが残された。

2つ目が、Benjamin R. Teitelbaum（2019）が投げかけた問いである。スウェーデンの極右国粋主義グループに参与観察を行ったTeitelbaumは、当初は警戒心を抱いていたものの、次第に対象者に友情や敬意さえも抱くようになり、深く「関与」するようになる。松田（2020）がまとめているように、Teitelbaum（2019）によって問いかけられたのは「調査対象への調査者の距離は、それが『政治的に正しければ』寄り添い連帯することが推奨されるが、『政治的に正しくなければ』非難されるというのは、倫理的な二重基準ではないのか、という点」（松田 2020: 5）である。

この松田（2020）の指摘は、ホームレス研究にも当てはまる。つまり、調査者は理解のしやすい、共感のしやすい調査対象者には寄り添い連帯するが、理解しがたい、共感しにくい調査対象者は調査から除外されるという点である。結果的に社会の価値に対抗するような存在は調査の対象から外れてしまうということが起きかねない。

女性ホームレスを研究主題に据えた丸山里美（2013）は、彼女たちの生活

史を聞いた際の心持ちを以下のように語っている、「……何度話を聞いても、彼女がなぜ野宿生活をするにいたったのかは、よくわからないままだった。繰り返し同じ思い出が語られ、野宿生活の様子やつらさが語られ、だんだん生活史は明らかになっていく。しかしなぜ彼女が最終的に野宿をすることになったのかは、何度聞いても腑に落ちなかった」（丸山 2013: iv）。だが、この理解のしがたさにこそ、ホームレス研究の枠組みや近代社会への批判が繰り広げられる芽が潜んでいたことが同書を読み進めていくとわかる。

　理解しがたい他者、共感しにくい調査対象者と出会った際に、どのようなアクション・リサーチが可能なのか。そのような視点が、新しい視角をアクション・リサーチの領域にももたらしうるのではないだろうか。

コラム参考文献

安里和晃、2022、「コロナ禍におけるアクションリサーチ——外国人住民の包摂と排除の経験」『ソシオロジ』、66(3)、115-125。

Goffman, Alice, 2014, *On the Run: Fugitive Life in an American City*, Chicago: The University of Chicago Press.（二文字屋脩・岸下卓史、2021、『逃亡者の社会学——アメリカの都市に生きる黒人たち』亜紀書房）。

Kerr, Daniel, 2003, "We Know What the Problem Is: Using Oral History to Develop a Collaborative Analysis of Homelessness from the Bottom Up," *The Oral History Review*, 30(1): 27-45.

全泓奎、2022、『貧困と排除に立ち向かうアクションリサーチ』明石書店。

丸山里美、2013、『女性ホームレスとして生きる——貧困と排除の社会学』世界思想社。

松田素二、2020、「『関与』志向のフィールドワーカーの関門」『理論と動態』13: 2-8。

Teitelbaum, B. R., 2019, "Collaborating with the Radical Right: Scholar-Informant Solidarity and the Case for an Immoral Anthropology," *Current Anthropology*, 60(3), pp.414-435.

第Ⅲ部

ストリート・ペーパーの日常的実践分析

第6章
〈他者〉との出会いは対抗的公共圏に
何をもたらすのか

1 危機に瀕する公共空間

1.1 問題の所在

　本章から始まる第Ⅲ部においては、2017 年から 2022 年にかけて行った参与
観察と聞き取り調査に基づいて考察を深めていく。第 6 章では特に、公共空間
においてホームレスの人々と市民とが雑誌売買を通じて出会うということはス
トリート・ペーパーという対抗的公共圏の生成・展開にどのような意味をもつ
のかを分析する。

　近年、世界的に公共空間の危機が学術分野をこえて指摘されている（篠原
2007; Sennett 1990; Harvey 1973=1980; 齋藤 2005; Young 2000 など）。グロー
バル資本主義を背景として都市における公共空間の私有化、均質化に拍車がか
かっており、他者と出会うことが難しくなっているからである。単なる空間を
公共空間へと転化する他者との相互行為が行われることが少なくなっているた
めに、公共空間が危機に瀕しているというのである。

　それでは、「危機に瀕した」と言われる公共空間において販売者であるホー
ムレスの人々とストリート・ペーパーの読者である市民とはどのように出会っ
ているのだろうか。またその出会いはストリート・ペーパーという対抗的公共
圏の生成と展開にどのような意味を持つのだろうか。

　その考察をする際、思考の補助線となるのが Alberto Melucci の論考であ
る。Melucci（1996b: 359）は、社会運動を「私的な個人の身体の次元から矛

131

盾を問い直し、複雑な社会に潜在する問題を可視化するメディアの役割を果たす」と捉えている。そして社会運動に参加する行為者と異なる行為者との間の動態的な相互変容の過程を「メタモルフォーゼ（変身・変異）」として捉えようとした。

　新原道信（2016: 121）によると、グローバル化の進む脱工業化社会においては身体レベルの操作が深化されていくからこそ、Melucci（1996a=2008: 211-213）は「社会運動を解釈するために、今まで以上に分節化された枠組みを必要と」していると考えた。そして「これらの集合行為の形態は日常生活のなかの個人の体験と強く結びついているがゆえ、一見するととても弱々しく、社会の構造やその政治的意思決定などには、ほとんど影響を及ぼさないかのように見える。しかし実際は、その見かけの弱さこそ、分子のように個人の生活に浸透してくる権力に対抗する最も妥当な方法」と考えたのである。

　そこで本章では、Melucci（1996a=2008）を思考の補助線としながら、公共空間においてストリート・ペーパーの販売者と読者である市民が出会う場面に焦点を当て、その相互行為が両者にどのような変容をもたらし、そのことがどのような対抗性へと通じているのかを検討したい。

1.2 『ビッグイシュー日本版』はどのように販売されているのか

　ストリート・ペーパーは、世界中どこでも、基本的にホームレス状態の人が街頭において販売するということになっている。そのため公共空間に関する法律との摩擦が起きたり、空間で出くわす様々な事柄に巻き込まれることも多い。

　それでは日本のストリート・ペーパーである『ビッグイシュー日本版』の街頭での販売は、どのようにして可能になったのであろうか。路上販売に関しては道路交通法第 77 条に規定がある。要約すれば、「場所を移動しないで、道路に露店、屋台店、その他これらに類する店を出そうとする者」や「道路において祭礼行事を行ったり、ロケーションをしたりするなど、一般交通に著しい影響をおよぼすような通行の形態もしくは方法により道路を使用する行為」「道

路に人が集まり一般交通に著しい影響をおよぼすような行為」などをする場合は所轄の警察署長の許可を得なければならないというものである。

「ビッグイシュー日本」創設者の佐野章二（2010: 97）によると、『ビッグイシュー日本版』は大阪だけでも何十ヶ所と販売者が立つため、その許可証を一度にもらうために、販売を開始する前に大阪府警本部の交通規制課を訪れたという。だが「それなら民地で販売してください」との答えが返ってきた。「道交法でも許可されるべき条件が記載されているのに、なぜダメなのか」とさらに問うと「道路使用の許可証を持った物売りが街に溢れたらどうします？　今もただでさえ人手不足なのに」ということだった。

そこで作戦をさらに練って再度府警を訪れ、道交法77条の「場所を移動しないで、道路に露店、屋台店、その他これらに類する店を出そうとする者」という条文を逆手に取り、「販売者は他の通行人の邪魔をしないで、割り当て場所の周辺を随時『移動』して販売する」ことを条件に販売が許可されることになった（佐野 2010: 99-100）。

だが府警で許可されたと言っても、交番は人が入れ替わり、事情がうまく伝わっていないこともある。また不特定多数の人々が行き来する都市の公共空間では、予期せぬ事件も起こる。そのような路上の最前線に立って販売しているのがホームレスの人々であり、彼らのもとを訪ねて雑誌を購入する市民がいて初めてストリート・ペーパーという場は成り立つ。それでは両者はどのように公共空間で出会っているのであろうか。

次節以降では、販売者と読者が公共空間における雑誌売買を通じてどのような交流をしているのかに焦点を当てて、参与観察と聞き取り調査によって得られたデータを提示し、明らかになったことを分析していきたい。

2　調査概要

本調査は、2017年から2022年にかけて行われた、主に関西圏における同誌販売場所や活動場所での参与観察と、販売者10人・読者50人への聞き取り調

査が元になっている。関係者の内訳としては読者22人、読者を経て何らかの
かたちでビッグイシュー日本で働いたことがある人は28人となっている。

　参与観察は各回1時間ほど販売場所の周辺で調査をし、その前後に販売者に
「売り場での経験」「読者との交流」などを聞く半構造化インタビューも行っ
た。各場所へはいずれも複数回訪れている。なお参与観察で得たデータは、プ
ライバシーの観点から場所や個人を特定されないよう、数名のデータの中か
ら共通する部分を抽出して記している。年代は30代1人、40代2人、50代1
人、60代5人、70代1人で、平均年齢57.5歳となっている。

　聞き取り調査は、販売者に紹介してもらったり、同誌が主催するイベントな
どで知り合ったりした読者などに1時間ほど半構造化インタビューし、「ビッ
グイシューを購入し始めたきっかけ」「ホームレス観の変容」「ビッグイシュー
を買い続ける動機」などを聞き取った。また筆者は2004年から2015年にかけ
て『ビッグイシュー日本版』編集部に在籍していたため、ビッグイシューで働
いたことがある人々の大半は元の同僚ということになる。ただ働いていた時期
や部署、勤務地が異なっていたために、勤めていた時にはそれほど込み入った
話をしなかった人も多い。

　今回聞き取りをした関係者は、男性13人、女性37人。20代3人、30代16
人、40代16人、50代9人、60代以上6人、平均年齢40.4歳となっている。
また、『ビッグイシュー日本版』購入継続期間が5年未満の人が3人、5年以
上の人が19人、読者を経て学生インターンやボランティアなど何らかのかた
ちで無償でビッグイシュー日本で働いたことがある人は3人、フリーランスや
スタッフなど有償で働いたことがある人は25人となっている。

　ちなみに2019年のビッグイシュー日本の読者アンケート（有限会社ビッグ
イシュー日本 2022）によると、「女性の割合は67%」「40代から60代に読ま
れている」となっており、本書のデータは読者アンケートより女性の割合が多
くなっており、年齢層は少し若くなっている。

　職業に関しては2019年の読者アンケートでは会社員・団体職員が31%、主
婦／主夫が15%、パート・アルバイトが12%、契約・派遣社員が5%、公務員

4%、会社・団体役員が3%、学生1%、その他19%だが、本調査では会社員・団体職員が46%、主婦／主夫が2%、パート・アルバイトが8%、契約・派遣社員が2%、公務員2%、会社・団体役員が0%、学生6%、その他34%である。

　また、何らかのかたちで読者を経てビッグイシュー日本で働いた経験のある人が28人を占めるため、より熱心にこの活動に携わろうとした人たちへの聞き取りとなっている。

　聞き取りをした関係者のプロフィールを表7にまとめる。ビッグイシュー日本においてボランティア・スタッフ経験がない読者は「なし」、ある関係者は明記した。その際、学生インターンなど無償で携わった人を「ボランティア」、誌面制作の仕事を個人で請け負うライターやカメラマンなどを「フリーランス」、有限会社ビッグイシュー日本やNPOであるビッグイシュー基金で社員や職員として雇用され、スタッフとして現在働いている人や元働いていた人も含めて「スタッフ」と明記している。

表7　関係者プロフィール

名前	ジェンダー	年代	職業	ビッグイシュー日本での ボランティア・スタッフ経験
A	男	20	大学院生	あり（ボランティア）
B	女	40	パート	なし
C	男	30	会社員	なし
D	女	50	会社員	なし
E	女	40	団体職員	なし
F	女	60	パート	なし
G	女	50	会社員	なし
H	女	40	会社員	あり（ボランティア）
I	女	50	自営業	なし
J	女	30	団体職員	あり（ボランティア）
K	男	60	会社員	なし
L	女	40	自由業	なし
M	女	50	派遣社員	なし
N	女	30	主婦	なし
O	女	40	会社員	なし
P	女	30	会社員	なし

Q	女	30	大学院生	なし
R	女	40	パート	なし
S	女	40	会社員	なし
T	男	70	無職	なし
U	女	70	無職	なし
V	女	60	パート	なし
W	男	40	団体職員	なし
X	女	60	団体職員	なし
Y	男	20	大学院生	なし
Z	男	40	自由業	あり（フリーランス）
a	女	50	自由業	あり（フリーランス）
b	女	50	自由業	あり（フリーランス）
c	女	30	自由業	あり（フリーランス）
d	女	30	会社員	あり（スタッフ）
e	女	30	自由業	あり（フリーランス）
f	女	30	団体職員	あり（スタッフ）
g	男	50	自由業	あり（フリーランス）
h	女	40	会社員	あり（スタッフ）
i	女	40	団体職員	あり（スタッフ）
j	男	30	自由業	あり（スタッフ）
k	女	30	自営業	あり（スタッフ）
l	男	20	団体職員	あり（スタッフ）
m	男	30	団体職員	あり（スタッフ）
n	女	40	団体職員	あり（スタッフ）
o	男	30	会社員	あり（スタッフ）
p	女	30	会社員	あり（スタッフ）
q	女	40	自由業	あり（フリーランス）
r	女	40	自由業	あり（フリーランス）
s	女	30	自営業	あり（スタッフ）
t	男	50	自由業	あり（フリーランス）
u	女	40	会社員	あり（スタッフ）
v	女	30	自由業	あり（フリーランス）
w	女	40	会社員	あり（フリーランス）
x	女	50	公務員	あり（フリーランス）

3 データの分析

3.1 場所の意味の変容

本項では、販売者であるホームレスの人々と読者である市民とが雑誌売買を

通じて公共空間で出会うことで、どのようにその場所の意味を変容させている
かを参与観察と聞き取り調査で得られたデータをもとに分析していきたい。

×月×日×時。

タムラさんが、ストリート・ペーパーのロゴの入った赤い帽子をかぶって大
阪一の繁華街に姿を現した。いつも通り歩道橋のたもとに陣取ると、ゴロゴロ
と引いてきたスーツケースからおもむろに商売道具であるストリート・ペー
パーを並べ始める。その横には最新号の注目記事を味のある筆記で書いた手書
きのポップを添える。

仕上げは自分の販売場所周辺のお掃除。落ちているたばこの吸い殻や紙くず
を丹念に拾うと、大阪の一等地の片隅にタムラさんの「仕事場」ができる。
ターミナル駅の雑踏に紛れないように、でも目立ちすぎて「あの場所での路上
販売は許可されているのか」と通報されないように、また道交法77条の「随
時移動する」という条件にも気をつけながら、タムラさんは慎重に公共空間を
自らの「仕事場」へと変える。

道行く人は突如現れたタムラさんの仕事場には目もくれず、足早に通り過ぎ
ていく。たまにちらりと一瞥をくれる人もいる。しばらくすると、人並みから
一人の女性が飛び出し、逆流するように一直線にタムラさんの元へと歩み寄っ
てきた。

「しばらく見なかったけど、どうされてたんですか」。声をかける女性に、タ
ムラさんが答える。「えぇ、しばらく出張販売に駆り出されていたりしていた
もので」「心配していたんですよ」。中年男性と若い女性が親しげに話す様子
に、道ゆく人は怪訝そうな表情を浮かべながら、だが歩みは緩めない。

読者の中には、人並みを逆流するように販売者の元へ歩み寄るのに「当初は
勇気が必要だった」（Nさん、Oさん）という人もいる。

読者にとって販売者のもとに歩み寄るのに「勇気が必要だった」というのと
同じくらいかそれ以上に、販売者にとっても公共空間での販売は勇気がいると
いう。自ら「ホームレス」と名乗り出て公共空間に立っているようなものだか
らである。

心ない軽蔑の視線を向けられることがあれば、「あれは許可をとって路上販売をしているのか」と警察へ通報されることもある。また実家が嫌で飛び出したにもかかわらず、街頭で雑誌販売しているところを親族に見つかり、「ホームレス生活はもうやめろ」と連れ戻されそうになった（チカイさん）人もいる。

また悪意ではなくても、例えば選挙の季節や、年の瀬の歳末助け合いの時期になると駅前で選挙活動や募金活動が始まり、「仕事場」が他の人たちに使われる場合もある。

また 2019 年末から始まったコロナ禍にあっては、公共空間から人が消えるという未曾有の事態も発生した。このように公共空間を「仕事場」にする苦労は絶えない。

それにもかかわらず、どのようなきっかけで読者はストリート・ペーパーを販売者の元で購入するようになったのか。また販売者は街頭に立ち続けるのだろうか。そしてその雑誌売買を通じた交流は、どのような変容を両者にもたらしたのだろうか。次項で分析する。

3.2　ホームレス観と購入するきっかけ

本項では 50 人の関係者がビッグイシューを購入する前に、「どのようなイメージをホームレスの人々に持っていたか」、また「購入するきっかけ」についての回答をまとめる。

まず、「これまでホームレスの人々と話したことがあるか」という問いには、10 人が「ある」、40 人が「ない」と答えた。「ある」と答えた 10 人のうち、5 人は炊き出しなどのホームレス支援の現場で話す機会があったと答えた。

一方、「話したことがない」と答えた 40 人の理由は主に次の 3 つであった。1 つ目は、L さん（40 代、女性）や r さん（40 代、女性）のように「そもそも生活圏にいないので、接点がなかった」というものである。

2 つ目が、Y さん（20 代、男性）や t さん（50 代、男性）のように「都市の一風景と認識していた」というものである。t さん（50 代、男性）は「路上

138　第Ⅲ部　ストリート・ペーパーの日常的実践分析

生活者は都市の一風景であり、ホームレス問題はニュースで報じられる社会問題の一つに過ぎなかった」と語り、jさん（30代、男性）も

> あまりにも自分の世界とかけ離れた世界だと思っていたので、たまに見かけるけど、缶や雑誌集めてるなくらいで。景色の一部として入ってくる。「何でホームレスなの？」とかも全然イメージできていなかった。

と語る。

3つ目は、ホームレスの人々の存在が気にはなっているものの、どうやって交流したら良いのかわからなかったというものである。

nさん（40代、女性）は雪国から上京してきて、路上で凍死するというニュースに接し、衝撃を受けたという。

> この日本で路上で人が死ぬ、なぜ死に至ったのかが疑問だったんですよね。地元は雪国で路上で寝たら間違いなく死んでしまうので、絶対に声をかけるし、何かアクションを起こすと思うんです。とても不思議で。人が多い中、死んでしまう人を放置している世の中はどうなんだろうって疑問に思って。でもその時は、何もできなかったんですけれども。

と語る。

同様にkさん（30代、女性）、Dさん（50代、女性）も「気にはなっていたがどのように接したらいいのかわからなかった」という。

kさん（30代、女性）は

> 地元の駅に、駅のゴミ箱のところにおじさんが途中から寝るようになったんですよ。たぶん50代くらいの。……「なんでなのかな？　何が起こってこの人こうなったのかな」っていうのがあったんですね。当時10代後半で、バイトしてたけど、人にあげるほどのお金ないし。10代後半で知

第6章　〈他者〉との出会いは対抗的公共圏に何をもたらすのか　139

らないおじさんにお金渡すっておこがましいから。すごい気になってるけど、関わり方がわからなかったよね。

と語る。またDさん（50代、女性）も

路上生活されてる人って、どういう考えでそれをしているかわからない。ポリシーがあって選んでる人もいるだろうし、人から何かされたくないという人もいるだろうし。そこらへんがニーズがわからないから、その人の生き方で、施しを必要としないと思っている人もいるかもしれないし。そこらへんがわからないから。

関われなかったという。

いずれも「おこがましい」「施しを必要としないと思っている」と相手の自尊心を傷つけないように「支援」を回避したために、結果的に何もできなかったことが語られている。

このようにこれまでホームレスの人々と話したことがなかったという人たちの理由は、主に3つに分けられた。1つ目の人々は、生活圏におらずホームレスの人々の存在自体を認識していない。2つ目の人々は、存在を認識はしているものの、「都市の風景の一部」としてその存在に違和感を抱かずに、日常生活を送っている。一方3つ目の人々は、存在を認識し、違和感も抱いているものの、自尊心を傷つける「支援」を回避したために結果的に何もできなかったと語っている。ホームレスの人々と話したことがないと答えた人たちの間でも、ホームレスの人々の存在の認識の仕方は多様である。

そのように今までホームレスの人と話したことがない人たちも、街角で見かけた姿や報道などからあるイメージを持っていた。「ホームレスの人々に何らかのイメージを持っていたか」と聞くと、「あった」という人は35人、「なかった」13人、「不明」2人だった。「あった」という人たちには、街角で見たイメージから「怖い」（14人）、「一線を画す」（3人）、「怠け者」（2人）、また

140　第Ⅲ部　ストリート・ペーパーの日常的実践分析

メディアなどの報道から「社会問題」（2人）といったイメージを持っていた。一方で、「イメージがない」という理由も「そもそも生活圏におらず、イメージの持ちようがない」という人が7人いた。

　では、なぜ必ずしも肯定的なホームレス観を持たない50人の人々が、街頭でホームレスの人々から雑誌を購入することになったのだろうか。「購入するきっかけ」は、メディアや友人・知人からの口コミで取り組みや雑誌の内容に興味を持って購入を決めた人が46人で、ホームレスの人々への支援のためのみと答えた人はわずか4人だった。また通勤路や最寄駅で販売していたからアクセスしやすかったという人も16人いた。

　まとめると、読者の人々はこれまでホームレスの人々に対して、存在自体を認識していなかったり、「都市の一風景」として違和感を抱かなかったり、違和感も抱いているものの、自尊心を傷つける「支援」を回避したため何もしなかったりした。いずれの人たちも、これまで炊き出しのような支援の現場に赴いてホームレスの人々と出会うことなく、むしろ自尊心を傷つける「支援」は回避されていたが、ストリート・ペーパーの取り組みや雑誌の中身に興味を持って、最寄駅や通勤路での雑誌売買を通じて読者と販売者としてホームレスの人々と出会っていた。

3.3　イメージの変容と傷つきやすさへの気づき

　雑誌売買を通じてホームレスの人々と出会った関係者は、「ホームレスイメージが変容したか」という問いには50人全員が何らかの変容を経験していると答えた。それはどのように起こったのだろうか。

　これまでは「社会問題」として認識していたというfさん（30代、女性）は、雑誌売買時のたわいない話を通して、

　　いわゆる一般名詞として「河原で寝てる人」「公園で寝てる人」ではなくて、「○○さん」と一人の人として関わることができるようになった。

という。eさん（30代、女性）はまた、

> 「あ、どうも」って挨拶を交わしたり、話をちょっとしたりするうちに、徐々に「普通のおじちゃん」って感じになりましたね。明るい人が多いなと。ホームレスといえば「暗い」「怖そう」というのがあったんですけど。

と語っている。

　このように50人全員が、雑誌売買時に挨拶を交わしたり、「たわいない話」をすることで、「ホームレス」というカテゴリー化されたイメージを脱し、販売者と一人の人として接するようになったと答えた。

　このように会話を重ね、「なぜホームレス状態に陥ったのか」そのライフストーリーを聞く中で、「ちょっとしたきっかけで、誰でもホームレスになるのではと感じた」という人も27人（女性22人、男性5人）いた。

　「（ホームレスの人々の存在は）あまりにも自分とかけ離れた世界で（今まで）偏見を持つにも至っていなかった」と語っていたjさん（30代、男性）は、

> （販売者と）話していて思ったのは、「誰にでも起こりうるんだなぁ」ということですね。ある日ふと、俺っていつかホームレスになるかも、っていう感覚があって……仲良くなって、一緒にご飯や飲みに行ったら、今から20年前はバブルの時に会社を潰した人も何人もいて、今までうまくいっていた事業がうまくいかなくなって家族とも一緒にいられなくなって連絡取れなくなって。……そういう人たちと話していると、これは誰でもなりうるんだと思って。

と語る。

　ホームレスの人は怖いという「偏見があった」というoさん（30代、男性）も、

（ホームレス状態の男性が）最初は喋らないけど、だんだん喋ってくれるようになって、奥さんが亡くなって、娘さんがいたんだけど、自暴自棄になって借金抱えちゃった。奥さんが亡くなっちゃった時点で仕事が続けられなくなって、家を出てきてしまったと。娘さんとかは養護施設に入ったかもしれないんだけど、こんな父親の姿なんか家族も見たくないだろうから、自分には戻る場所がない、（その話が）なんかすごく印象に残ったんですよね。

　……家族が亡くなって自暴自棄になる可能性なんてのは誰にでもあるし、娘さんは会いたいかも、会いたくないかもしれないけど、本当に人生何が起こるかわからないから。そのおじさんと話したことが印象に残っていて。

と語っている。

　第2章で確認したように、新聞におけるホームレス表象はホームレスの人の若年化が見られたⅡ期（2007年〜2013年）以降、ホームレスの人々への共感を示す投稿が増えるが、彼らへの支援の拡充を訴えるにとどまっている。一方、ホームレスの人々と実際に出会い、ライフストーリーを聞いた人々は例えば、jさんのように「いつかホームレスになるかも」と感じたり、oさんのように「本当に人生何が起こるかわからない」と言ったりと、自らもホームレス状態に陥る可能性について言及している。

　jさんやoさんのように自らの傷つきやすさに気づく人は24人（女性18人、男性6人）存在する。

　pさん（30代、女性）は、

　大学の時の友達がうつ病で仕事行けなくなったりとか、生活がいきなりぽきっとへし折られることって誰にでもあるなと感じたんですね。

第6章　〈他者〉との出会いは対抗的公共圏に何をもたらすのか　143

と語り、やはり自らも「傷つきやすさ」を抱えた存在という気づきがもたらされている。

一方ｂさん（50代、女性）は、

　　夫が転勤族だったせいもあって、私は結構何回も転職してるんです。だから無職になるっていうことも何回も経験しているから人ごとではないんですよね。まぁ女性なら、ありますよね。出産やら結婚やらで。無職や低賃金って人ごとじゃないので。「明日は我が身」っていう感じです、冷たくできない。

　　ちょっと間違えたら、ちょっとうまくまわらなければ、自分がそうなるなという危機感がありましたね。私ももう実家を出ていて、実家に帰るっていうこともないし。部屋借りられなくなったら、もうホームレス状態ですから。だから「いつ仕事がなくなるかも」「いつ部屋がなくなるかも」というのは、自分もありうる。

と語る。ｂさんの語りからは「まぁ、女性なら、ありますよね」とジェンダーの視点がもたらされている。そして女性として元々自覚していた生の傷つきやすさからホームレスの人々の苦境を地続きで考え始めている。

ｊさん、ｏさん、ｐさん、ｂさんともにいわゆる名の知れた大学や大学院を出ており、これまでホームレスの人々は「あまりにもかけ離れた世界で偏見を持つにも至っていなかった」り、「偏見があった」りした。だが実際にホームレスの人々のライフストーリーを聞くことで共感からさらに一歩踏み込んで、自らとホームレスの人々に共通する「傷つきやすさ」に気づき始めている。

このようにイメージの変容には、「一人の人間として出会い、挨拶を交わしたり、たわいない話を含めて会話を交わすこと」「なぜホームレス状態に陥ったのか、ライフストーリーを聞くこと」が大きな要素を占めていた。その中でｊさん、ｏさん、ｐさん、ｂさんのように「いつかホームレスになるかも」「本当に人生何が起こるかわからない」という傷つきやすさへの気づきから、ホー

144　第Ⅲ部　ストリート・ペーパーの日常的実践分析

ムレス問題を自分と地続きの問題として考え始める人もいた。

　また、そのような傷つきやすさの気づきから、「なぜ、私ではなく、この人だったんだろう」という「なぜ？」という問いに至る人もいた。

　ｃさん（30代、女性）は、元々ホームレスの人々は「自分とはあまり縁のない人たち」と思っていたというが、雑誌売買を通じてホームレスの人々と交流するようになって「まったく他人事ではない」と感じたという。

　　たまたま私はここにいて、たまたまこの人たちはここにいるけれど、前提
　　条件が変わればそうではないんじゃないかと思いましたね。知り合いと話
　　してる時に、「ホームレス、好きでやってるんだから」っていう人や、「自
　　分は勉強頑張っていい大学入ったからいい仕事つけて、彼らは頑張らな
　　かったからあの地位にいる。自業自得だ」っていう人もいて。まともだ
　　と思ってた知り合いがそう言ってすごくびっくりしたことがあって。でも
　　それが一般的な考え方なのかなと思ったり。環境を整えてくれた人がい
　　た、そういう他者の存在に気づいていないんですね。努力の前に前提条件
　　があって、それをもっと整えていこうという国になればいいなと思います
　　ね。

　ｃさんは、ホームレスの人々と会話を交わすようになってから画一化されたホームレス表象を脱し、傷つきやすさが不平等に配分されていることに気づいた。そのことから、ホームレス状態を自己責任論で説明するのではなく、構造や制度を整えていく必要性を訴えている。

　実は読者の中にはもともと「ホームレス状態に陥るのは自己責任だと思っていた」という人は少なくない（ｒさん、Ｒさんなど）。ｒさん（40代、女性）はホームレスの人たちは「資本主義の競争に負けた人たち」と認識していたと語る。だがライフストーリーに接する中で、その認識を改めた。

　　でもそうではなくて、生い立ちとかすごい関係してるし、持って生まれた

病気、親・友人との人間関係が築きづらいように育ってしまったところに、社会的な複合的要因がからんで。

と語る。

ホームレス状態を現在の点で見るのではなく、過去に遡ってライフストーリーとしてそこに至る過程を聞くことでrさんは自己責任論から解き放たれ、社会的な要因を探る視点が生まれ始めている。

このように、個人的なライフストーリーを聞く中でそこに刻印された社会構造や仕組みの歪みに気づき、自己責任論から解放される人もいた。

3.4　感情への応答

前項で見たようなホームレス観の変容に情動が深く関わっていることも聞き取りからわかった。本項では情動に焦点を当ててさらに分析を深めたい。

ホームレスの人々の存在を「都市の一風景と考えていた」というtさん（50代、男性）がその認識を改めたのは、販売者のツダさんと話していた時だという。自らの半生を語っていたその販売者が突然泣き始めたのだという。

　元漁師っていうツダさんと話をしてたら、ぽろぽろと涙を流して泣き始めて。50代の大の男が繁華街の真ん中で声を上げて泣き崩れる姿をその時初めて目にしたな。

　後ろ向いて大泣きし始めて、街角で泣き崩れて。すごく驚いて。それ見ただけで、一般に言われている「ホームレスは怠け者」って違うんじゃないかって思ったな。ツダさんの人生に耳を傾け、泣き笑いの感情にふれた時、ホームレスという言葉が生身の人間の体温をもって感じられるようになった、強烈な体験やったな。

と語る。販売者の悲しみという感情を目の当たりにして、tさんは「一般に言われている『ホームレスは怠け者』って違うんじゃないか」と画一化された

ホームレス像を脱却している。

　一方で販売者のテラダさんも感情について言及している。40代で営んでいた商いが暗礁に乗り上げたテラダさんは、家族を残して家を出て、路上で暮らし始めた。当時を振り返ってこう語る。

　　40代で人生を捨てたわけ。捨ててからは、社会から疎外されたとか、そういうこと一切ない。一切捨てちゃったんだから。何の苦労もないわけ。……悔しくて泣いたこともなければ、嬉しくて狂喜乱舞したこともないの。だからまともじゃないって自分でも思うの。

と言う。だがストリート・ペーパーの販売に従事し、お客さんと交流する中で、喜怒哀楽を取り戻していったと語る。

　このようなテラダさんの感情の取り戻しや、ツダさんの涙に対するｔさんの反応は何を意味するのだろうか。これまでの調査データと合わせて、次節で考察を深めていきたい。

4　考察と結論

　本章の目的は、危機に瀕したと言われる公共空間において販売者であるホームレスの人々とストリート・ペーパーの読者である市民とはどのように出会っているのかについて分析、考察することであった。本節では、その出会いは公共空間の意味をどのように変え、さらにストリート・ペーパーという対抗的公共圏の生成と展開にどのような意味を持つかについて考察を深めたい。

　まず販売者と読者がどのように公共空間で出会っているのかについて考えてみたい。これまで見てきたように、販売者は道交法77条に抵触しないように、また道行く人たちの妨げにならないように細心の注意を払いながら、ターミナル駅前という一等地にある公共空間の片隅に自分の「仕事場」を生み出していた。そして読者の方もまた、人波に抗って販売者のもとにたどり着いていた。

通りには両者の交流をまったく意に介さない夥しい人の群れがあり、それはまるでホームレスの人々と市民との対抗的公共圏が主要な公共圏におけるスペースにおいて占める割合がとても小さいことを可視化したようにも見える。

だがそれは社会の片隅のささやかな出会いだったとしても、その公共空間に居合わせただけの人にとってもある意味を持つだろう。というのはインタビューデータにおいても、ホームレスの人々は「生活圏が違うため」出会うことがないとされ、出くわしたとしても「風景の一部」でしかなく、社会と交わることがなかった。だからホームレスの人々と市民とが交流する姿は、市民と語らい、働くホームレスというこれまでとは異なるホームレス像を表象しており、齋藤（2000: 97）が言うような「ディスプレイの政治」となりうるだろう。齋藤（2000）によると、新しい価値の提起は価値観を異にする他者に対して言語を用いて訴えたり、説得したりするのとは別のかたちをとることがあるという。そして、それは別様の暮らし方の提示、別様のパフォーマンスの提示といったスタイルを取るという。

50人の関係者への聞き取りからわかったことは、「これまでホームレスの人々と話したことがない」人が40人を占めたが、メディアによる表象や街角で遭遇した際の経験からホームレスの人々に何らかのイメージを持っていた人が35人いた。イメージを持っていなかった人の中には、「そもそも生活圏におらず、イメージの持ちようがない」という人が7人いた。つまり彼らにとっては、まさしくホームレスの人々は「社会によって異質化された他者」（西澤2010: 165）であった。

だが、雑誌の売買を通じてホームレスの人々と挨拶を交わし、会話をする中で、50人全員のホームレス観が何らかの形で変容を遂げた。雑誌売買が「ホームレス」というカテゴリーから脱却し、一人の人として出会い直すきっかけとなっていた。

それではそのような出会いと相互行為は対抗的公共圏に何をもたらしたのであろうか。1つには、「なぜホームレス状態に陥ったのか、ライフストーリーを聞くこと」によって、「いつかホームレスになるかも」「本当に人生何が起こ

るかわからない」という「傷つきやすさ」に気づき、ホームレス問題を自分と地続きの問題として考え始める人がいた。

　また、そこからさらに進んで、傷つきやすさが不平等に配分されていることに気づく人もいた。そのことから、ホームレス状態を自己責任論で説明するのではなく、構造や制度を整えていく必要性を訴えている。その転換は、ホームレス状態を個人的な苦境ではなく、公の問題として扱う公共圏へと道を開くものである。

　Butler（2004=2007）は、「生の被傷性（vulnerability）」に関する考察の中で、私たちの生はどれもが他者に依存しているにもかかわらず、その「生の被傷性」が不平等に配分されていることを問題視している。そしてイラク戦争直後の論考（Butler 2009=2012）においては、「悼まれる死」と「悼まれない死」があることに直面することで、悲しみもプライヴェートなものではなく、複雑な秩序をもった政治的なものであると指摘している。「社会の悲嘆が格差をともなって分配されること、これはきわめて重要な政治的問題」であり、「情動でさえも、社会的に構築されたものである」（Butler 2009=2012）という。

　tさんは、自分の半生を話す中で大泣きする販売者の姿を目の当たりにし、「ホームレスって怠け者」という言説に疑問を抱くようになったと語っていた。ホームレス状態が自己責任論に回収される限り、彼らの現状は「自業自得」であり、「悲しむべきもの」ではない。だが、当事者の「悲しみ」に触れ、「情動でさえも、社会的に構築されたもの」であり、「社会の悲嘆が格差をともなって分配されている」ことへの気づきが、tさんにはあったのではないだろうか。

　読者の人々がホームレスの人々と出会い、交流することでひらかれたのは、私たちの生はどれもが他者に依存しているにもかかわらず、「傷つきやすさ」が不平等に配分されていることへの気づきである。

　それが、cさんの

　たまたま私はここにいて、たまたまこの人たちはここにいるけれど、前提

　　　　条件が変わればそうではないんじゃないか。

　という語りに現れている。そしてそこから、ホームレス状態を自己責任論で
回収するのではなく、構造や制度を整えていく必要性を訴えている。
　このように確かに公共空間におけるホームレスの人々との出会いという個人
的体験が「メタモルフォーゼ」（Melucci 1996a=2008）を促し、ホームレス状
態を自己責任へ回収しない対抗性へと通じていた。
　前述したようにそれは第2章の新聞報道におけるⅡ期（2007年～2013年）
以降のホームレス表象の変容とは似て非なるものである。新聞報道においても
Ⅱ期以降、高度成長期のマスター・ナラティブだった「ホームレス＝異人」が
変容し、ホームレスの人々への共感を示すような投書も見られたが、そこに
「自分もホームレス状態に陥るかもしれない」という自らの生の被傷性への気
づきは見られなかった。だからいくらそこに共感があろうとも「ホームレス問
題」は「彼ら」の問題であり、自分たちと地続きで考える道は開かれない。
　ホームレスの人々のイメージはこれまで「公共空間の占拠者」「被支援者」
「若年失業者」「隠れたホームレス」と社会的に構築されてきた。だが、そのイ
メージは行政や支援者、住民・市民など様々なアクターによって構築されたも
のであり、ホームレスの人自らが自身の抱える苦境を語ることで構築されたイ
メージではなかった。
　雑誌売買を通じてホームレスの人々と公共空間で実際に出会い、交流した市
民の人々とともに作り上げられたホームレス観は「傷つきやすさ」を媒介にし
たものであり、その配分の不平等性に着目することで、構造や制度を整えてい
くことを要請するものだった。
　これまで「生への配慮」というものは「親密圏」に属すると考えられていた
が、一人の〈他者〉と出会い、両者に共通の「傷つきやすさ」を媒介にひらか
れる対抗的公共圏もあるのではないだろうか。
　だがここでさらに考察を深めたいのは、ストリート・ペーパーにおける市民
と語らい働くホームレスというオルタナティブな表象は、ともすればホームレ

150　第Ⅲ部　ストリート・ペーパーの日常的実践分析

ス施策の就労自立と同様に自らの力で自活できなければ自己責任という論理へと導かれやすいことである。ではどうすれば自己責任の道へと陥らず、新たな道を切り開いていけるのだろうか。次章以降でさらに考察を深めたい。

第7章
包摂策変容の可能性

1 問題の所在

　前章においては、どのようにホームレス状態の販売者と読者である市民が、ストリート・ペーパーの売買を通じて公共空間で出会っているのかを検討し、その出会いが対抗的公共圏の生成・展開にどのような影響を与えているのかを考察した。その結果、出会いを通じて読者のホームレス観は変容しており、「傷つきやすさ」への気づきを媒介にし、その配分の不平等性に着目することで、構造や制度を整えていくことを要請していく人たちもいた。

　一方で、ストリート・ペーパーにおける市民と語らい働くホームレスというオルタナティブな表象は、ともすればホームレス施策の就労自立と同様に自らの力で自活できなければ自己責任という論理へと導かれやすい。本章では、どうすれば自己責任の道へと陥らず、新たな道を切り開いていけるのかについて考察を深めたい。

　そのためにまず、第2節においてビッグイシューの組織のあり方がどのような変遷を遂げたかを確認する。変遷をたどるためには過去の販売者の歩みをたどる必要があるため、2.1においては一人の販売者ナラさんの「卒業」に焦点を当てるが、その際詳細に取材がなされているビッグイシュー記者の稗田和博（2007）からナラさんの語りを引用させていただく[1]。その後、第3節において関係者の意識の変容を確認した後に、第4節で考察と結論を述べたい。

152　第Ⅲ部　ストリート・ペーパーの日常的実践分析

2　組織のあり方の変遷

2.1　ある販売者の「卒業」

　組織のあり方の変遷を取り上げる前に、ある一人の販売者ナラさんの声に耳を傾けてみたい。ナラさんは、『ビッグイシュー日本版』販売者時代は、大阪のビジネス街で月間 1,500 冊を売り上げるカリスマ販売者で、お客さんと積極的に交流を図り、独自のコミュニティを形成していた。ある日、常連客からビルのテナントを一軒一軒まわって清掃する仕事を紹介され、「ビッグイシュー」を「卒業」し、就職を果たす。当時から、ビッグイシューではストリート・ペーパーの販売者が新たな就職口を見つけて転職することを、「卒業」と呼んでいた。その言葉にはどこか道筋の一方向性が示唆されている。

　だがいざ働き始めると、「ビッグイシュー」時代とはまるで異なる仕事内容に戸惑いを覚えた。トータル 13 時間ほどを職場で過ごすも、休憩時間にはシルバー世代の同僚の話についていけない。

　「最初の半年は、とにかく家を出るのがつらかった」（稗田 2007: 137）と、ナラさんは打ち明けている。

> 戻って、またみんなの顔を見ながら楽しくビッグイシューを売りたいなーって何度も思ったよな。やっぱりな、長い間、社会から離れて暮らしたやんか。だから、それが自分の甘いところなんやと思うんや。正直言って、こんなに社会生活がつらいとは思っていなかったな。ほんと、自立、自立って言葉では言うけど、そんな甘いもんとは違ったよ。（稗田 2007: 137）

　ナラさんが 66 歳で得た「自立」の道には、1 日 10 時間以上の勤務で天引き後 15 万円の月給と、3 ヶ月ごとの契約更新が待っていた。

> 最近、同僚が次々に契約解除になってるから不安はあるけどな、ちょうど

昨日、次の契約の OK をもらったんや。3ヶ月だけ命が延びたね。(稗田 2007: 140)

　初期の販売者では、ナラさんのように「卒業」した後の雇用状況で葛藤する人たちが相次いだ。一方、その後ネットカフェ難民やワーキングプアなどが社会問題となり、厳しい雇用状況が主流派社会でも周知されていく中で、「ビッグイシュー」でも一度「卒業」してもまたストリート・ペーパーの販売者として出戻ってくる「出戻り販売者」が増加したことは第4章の販売者のライフストーリーのコーナーの誌面分析でも確認した。彼らは既存の福祉施策や就労支援に対する疑念を口にし、「卒業」して社会で新たな仕事に就くよりも、これまでのストリート・ペーパー販売の仕事で得た人間関係の中で自らの「役割」を探ろうとした。だが言説レベルでは、彼らの声は主流派社会のマスター・ナラティブであり、ストリート・ペーパー内のモデル・ストーリーでもある「脱路上」「就労自立」にかき消されていた。
　そこで本章では、日常的実践のレベルでどのような「自立」観が関係者の間で共有されているのかを確認したい。そのために本節ではまず、組織のあり方の変遷から確認していく。

2.2　包摂策の変容

　第2章で確認したように、2003年以降、マスメディアにおけるホームレスの人々の表象は「公共空間の占拠者」「被支援者」「若年失業者」と変遷を遂げてきた。そのような変容を目の当たりにする中で「ビッグイシュー」という組織のあり方は、2003年〜2022年の19年の間にどのような変遷を遂げたのか。本項では、同社資料などを元にこの点について見ていきたい。
　2003年の「ビッグイシュー」創設当初に配布されたパンフレットには、自立へのステップが次のようにまとめられている。

　　自立は人それぞれ、人の数だけかたちがあります。私たちは、自立とは自

らの力で生活を立てているという"誇り"ではないかと考えています。自立へ、私たちは次の三つのステップを考えています。

① 簡易宿泊所（1泊1,000円前後）などに泊まり路上生活から脱出（1日25〜30冊売れば可能に）

② 自力でアパートを借り、住所を持つ（月2回刊により、1日35〜40冊売り、毎日1,000円程度を貯金、7〜8ヵ月で敷金をつくる）

③ 住所をベースに新たな就職活動をする

（有限会社ビッグイシュー日本パンフレット2003）

　雑誌の販売目標数まで織り込み具体的なステップを提示する一方で、当初から「自立は人の数だけかたちがある」と柔軟な姿勢を示している。一方下記のように、2012年の改訂版では具体的な数値目標が姿を消し、3ステップのみが示されている。

　ビッグイシューでは、雑誌の販売を通して、第1に屋根のあるところに移り、第2に貯金してアパートを借り「住所」を持ち、第3に新たな「自立の道を探す」という3つのステップを応援することなど、自立への道を歩めるようサポートします。

（有限会社ビッグイシュー日本パンフレット2012）

　上記2例における「自立」は「脱路上」「就労自立」を指すと思われ、この段階での「ビッグイシュー」の「自立」は「脱路上」と「就労自立」を段階を追って目指していくという単線的でシンプルなものだった。

　だが、「就労自立」「脱路上」の難しさ、ひいては「自立」の難しさに徐々に直面していった「ビッグイシュー」は、2007年9月にある決断をする。それが、NPOビッグイシュー基金の立ち上げである。その理由を佐野章二代表が、以下のように語っている。

ビッグイシュー日本としては、雑誌を販売するためのサポートに集中しているので、どうしても彼らの生活支援までは手が回らなかったんです。イギリスのビッグイシューでも、そうした販売員の生活支援や就業支援をファウンデーション（財団）が担っていて、雑誌販売をサポートするビッグイシュー日本と、生活支援をするビッグイシュー基金の両輪があれば、ホームレスの人たちの自立も、もっとスムーズにいく。その両輪があって初めて、ホームレスの社会復帰を語ることができると思っています。（稗田 2007: 225）

　ビジネスの手法で「ホームレス問題」という社会問題に対峙することを謳った「ビッグイシュー」だったが、その「自立」の道に乗ることが難しい人々が現れた時、彼らを「自立の意思がない」と断罪するのではなく、彼らの生に沿ったより細やかな仕組みづくりのために NPO を立ち上げるという選択を行った。
　つまりこれまで続けてきた「就労自立」「脱路上」という包摂策がうまく機能しないという事態に際し、その責任を対象に帰するのではなく、包摂策の方を変容させることで対処したわけである。
　現在『ビッグイシュー日本版』の制作・販売を担う有限会社ビッグイシューのウェブサイトには、当初のような 3 段階のシンプルな「自立」の道のりは指し示されていない。一方、ビッグイシュー基金のウェブサイトにおいて、「自立」の道のりの多様性が示唆されている。

　　一度ホームレス状態に陥ってしまうと、生活再建のハードルは段違いに上がります。一つは、食べるための収入を得る「仕事」の確保の問題。履歴書、身分証、連絡先、住所がなく、その日にお金が受け取れる仕事の選択肢は、多くありません。
　　もう一つは生活の基盤となる「住まい」の確保の問題。たとえ収入があっても、まとまった初期費用の用意や保証人の確保が難しいこと、携帯

電話や身分証がない事から、市場賃貸物件へのアクセスは非常に困難になります。

　生活再建の道筋はその人の状況や課題に応じて違いますが、解決に踏み出すどんな一歩も、チャレンジであることに変わりはありません。

（ビッグイシュー基金 2022c）

　2003年9月の創刊以降変容を遂げてきた「ホームレス問題」と対峙するのに際し、「ビッグイシュー」ではシンプルで単線的な3ステップの包摂策を皆に当てはめることをやめ、「生活再建の道筋はその人の状況や課題に応じて違」うことを認めて、基金を立ち上げてそのサポートに回った。それとともに例えば「仕事」に関連して「履歴書、身分証、連絡先、住所がなく、その日にお金が受け取れる仕事の選択肢は、多くありません」（ビッグイシュー基金 2022c）とし、「住まい」に関しては「たとえ収入があっても、まとまった初期費用の用意や保証人の確保が難しいこと、携帯電話や身分証がない事から、市場賃貸物件へのアクセスは非常に困難になります」と記すなど、社会が抱える問題を指摘する視点も生まれている。

　そのような包摂策の変遷を読者やスタッフはどのように捉えているのだろうか。次節以降で見ていく。

3　関係者の意識の変遷

　組織の包摂策が変容する中で、関係者の意識はどのような変遷を遂げてきたのだろうか。

　第6章でも聞き取りをした関係者50人のうち、雑誌売買を通じて読者として販売者と関わっている人22人の自立観は、聞き取りをした2017年から2022年においても、「ビッグイシューを『卒業』して、新たな仕事に再就職し、路上生活を脱する」ことを「自立」とみなしている人が大半を占め、オルタナティブな自立観というものは見られなかった。多くの読者は、「（脱路上、

就労自立に向けて）頑張っているから応援したい」（Wさんなど）と語り、ビッグイシューの元々のコンセプトであるシンプルで単線的な「脱路上」「就労自立」モデルを支持している。

　だが、コロナ禍以後Dさん（50代、女性）やSさん（40代、女性）のように、「今は雇用状況も悪いから他人事ではない」と意識を変容させた人もいた。

　一方で、読者を経て、何らかのかたちでビッグイシューで働き、より密に販売者と関わってきた経験のある28人の自立観には揺らぎが見られた。

　創設当初からビッグイシューとかかわりのあるtさん（50代、男性）は、「卒業」した販売者たちの苦悩を目の当たりにしてきた。

> 派遣会社に就職したニシダさんもさ、正社員になった途端、会社から色々とスキルアップを求められて大変そうな姿を見るとさ、本当に大丈夫かなって。生きるってそんなもんなんかな、って思う。だいたい「卒業」した人の方が大変そうやんか。社会復帰ってさ、そこが合わへんのにでててるのにさ、またそこに戻すのはどうなんかな。

と語る。tさんは、「卒業」後の販売者の「会社から色々とスキルアップを求められて大変そうな姿」を目の当たりにして、社会復帰ってさ、そこが合わへんのにでててるのにさ、またそこに戻すのはどうなんかな」と従来の単線的な社会復帰モデルを懐疑的に語り、「生きるってそんなもんなんかな、って思う」と社会のあり方に対しても疑問を寄せ始めている。

　lさん（20代、男性）は、

> ビッグイシューは「自立応援」って既存の就労やアパートに住むことを応援している。とはいえ、いわゆる「世の中」みたいなものがしんどくてホームレス状態になっている人もいる。だから、そこに頑張って戻っていくのが辛いっていう。お客さんからも「いつ就職するん」って聞かれたりして。

と言い、

> 良くも悪くもダブルスタンダードがあって、お客さんも本人もそれを望んでいる場合もあるし、それがきつい人もいるし。お客さんもね、「世の中しんどいから、それやったらストリート・ペーパーの販売でいいよ」っていうお客さんも増えているんじゃないかなと。そこは両方意見があると思うんですけど。

と語る。lさんもやはり販売者の苦悩を目の当たりにし、組織の中に「良くも悪くもダブルスタンダードがあ」ることを認める。そしてそれはスタッフ間だけではなくお客さんの間でもそのような揺らぎがあるという。

rさん（40代、女性）も雑誌を購入していた販売者が「卒業」後苦労していることを知り、改めて自立とは何か考えさせられたという。

> ヌマノさんっていう方で一旦就職したんですけど、そこがやばいほどキツくて辞めて。お給料も全般に上げて、誰であっても住める住まいがあればいいのに、と思いますね。その上で本人の得意が生かされる仕事があったらいいのになと思いますね。

と語る。rさんは「卒業」後に転職先の仕事を辞めたヌマノさんの行為に対して、ヌマノさんを責めるのではなく、「そこがやばいほどキツくて」と仕事先の雇用状況を挙げ、「お給料も全般に上げて」「誰であっても住める住まいがあればいいのに」「その上で本人の得意が生かされる仕事があったらいいのに」と社会のあり方の方に改善を求めている。

tさん、lさん、rさんのように販売者が「卒業」後苦労する姿を目撃する中で社会のひずみに気づき、rさんのようにそのひずみを修正するような代案を考え始める人もいる。

また、長くストリート・ペーパーの販売に従事したり、「卒業」しても出戻ってくるという販売者の実践を、ストリート・ペーパーの可能性が広がっていると捉えるスタッフもいる。

　hさん（40代、女性）は、

　　最近は「卒業」すると言わずに、「これが俺らの仕事や」「ここで生きていく」っていう販売者さんが増えた。それに「卒業」してからつまずいても、ビッグイシューは何回でも出戻ってこられるから、そういう場所として機能している面もある。それだけでもストリート・ペーパーの存在意義があるんじゃないか。

　という。単線的な「卒業」がモデル・ストーリーだった時代には「出戻り」は逸脱行為だったわけだが、出戻ってくる販売者が増えることで、逆にビッグイシューという場の機能が広がっていると捉えるスタッフも出始めている。

　このように販売者と共に働くスタッフの意識は、販売者たちの声や「出戻り」という実践、また社会状況に即して自立観が揺らいでいる。そして、「世の中しんどい」といった表現で社会の問い直しという視点が出始めており、単線的でシンプルな「脱路上」「就労自立」モデルへの懐疑が共有されつつある。そしてむしろ「出戻り」を「何回でも出戻ってこられる」と肯定的に評価し始めている。

　ここまで見てきたような包摂策の変容と関係者の意識の変遷が、どのように自己責任の道へと陥らず、新たな道を切り開いていけるのだろうか。次節で考察を深めたい。

4　考察と結論

　本章の目的は、ストリート・ペーパーにおける市民と語らい働くホームレスというオルタナティブな表象が、どうすれば自己責任の道へと陥らず、新たな

道を切り開いていけるのかについて考察することであった。

　1つにはこれまで見てきたように、販売者の「卒業」後の苦悩を目の当たりにし、ビッグイシューでは包摂策の方が変容し、スタッフや読者の自立観も揺らぎを見せ、当事者にその責任を帰すのではなく、社会の問い直しの視点も育まれていたことが挙げられる。

　読者の間では第4章の言説分析同様に、依然として「ビッグイシューを『卒業』して、新たな仕事に再就職し、路上生活を脱する」という単線的でシンプルな自立観が支持されていた一方で、特にコロナ禍以後、DさんやSさんのように社会の雇用状況の方を問題視する人もいた。

　またスタッフのlさんは「『世の中しんどいから、それやったらストリート・ペーパーの販売でいいよ』っていうお客さんも増えているんじゃないかな」と語り、rさんもまた販売者が「卒業」後に苦労していることを知り、自立観が揺らぎ、社会のひずみを修正する代案を考え始めていた。

　これまでホームレス施策である特措法では、例えば自立支援センターが稼働しているが、「就労自立」と「社会復帰」が促され、利用期間は最長6ヶ月と決められている（大阪市 2022）。日常生活においても起床、食事、入浴時間や門限が決められているなどのルールがある。そして健康相談、法律相談、就労支援などが提供され、まず就労したのちにアパートに入居し、その後アフターケアがなされるという単線的なモデルが用いられている。利用者の日常的実践に応じてルールが変容するということはまれで、社会の問い直しへの回路が開かれない。だが当事者の声に耳を傾け、その日常的実践に即して包摂策の方が変容する可能性があって初めて、当事者の自己責任ではなく、社会への問い直しという道が開かれるのではないだろうか。

　2つ目に、ストリート・ペーパーの「居場所」としての役割である。自立支援センターの再利用は、基本的に「最後に利用した日の翌日から6ヶ月以上経過していること」が条件となっており、転職先でつまずいた際にふらりと戻れるような場所ではない。

　また公共空間も民営化の一途をたどる中で、「良き消費者」ではない者が居

場所を獲得することが難しくなってきている。そのような時代においては、社会においてつまずいた際に「居場所」が存在することの意義は増していると言える。

当事者がいつでも戻ってきて、声を上げることができること。そして包摂策や「支援」する側の意識がその声を聞いて、常に変容する準備ができていること。それが自己責任の道ではなく、社会の問い直しへとつながり、ひいては新たな社会構想を生み出す道を切り開いていくのではないだろうか。

だが、そのように販売者の苦労を目の当たりにしたスタッフや読者が社会への問い直しの視点を個人的に得たとしても、それがどのように組織内で共有され、新たな社会構想を切り開く道へと続いていくのだろうか。それを解明するために、次章以降は雑誌売買を超えてさらに深く販売者と交流する関係者の日常的実践に焦点を当てる。

具体的には次の第8章においてビッグイシュー基金のクラブ活動について、また第9章において傷つきやすさの「呼びかけ」と「応答」という日常的実践に注目しながらさらに考察を深めていきたい。

注
1) 筆者もナラさんとは面識があるが、調査時には転職されており連絡を取る術がなかったため、本書においては過去のインタビューである稗田（2007）からの引用を用いる。

第8章
「ともに楽しむ」という対抗性

1 問題の所在

　第Ⅲ部では、ストリート・ペーパーにおける市民と語らい働くホームレスというオルタナティブな表象が、どうすれば自己責任の道へと陥らず、新たな道を切り開いていけるのかを参与観察と聞き取り調査によって明らかにしようとしている。

　第6章においては、公共空間におけるホームレス状態の販売者と読者である市民との出会いによる両者の変容を捉えようとした。そしてその変容がどのように対抗的公共圏の生成・展開に影響を与えているのかを見てきた。続く第7章においては、「出戻り」という販売者の日常的実践がどのように組織で受け入れられるようになり、包摂策を変容させ、社会の問い直しという視点をもたらしたかを見てきた。

　本章においては、さらに冒頭で述べた点を追求するために、就労自立以外の側面に焦点を合わせてストリート・ペーパーの活動を見ていきたい。そのためにビッグイシュー基金の活動を見ながら冒頭の点について考察を深める。

　ビッグイシュー基金は「ホームレスの人たちを中心に困窮者の生活自立応援」「ホームレス問題解決のネットワークづくりと政策提案」「ボランティア活動と市民参加」という三本柱を持つが、「ホームレスの人たちを中心に困窮者の生活自立応援」プログラムでは、「当事者への情報提供と交流」「生活自立応援」「仕事・就業応援」などとともに「スポーツ・文化活動応援」があり、ホームレスの人々による自主的なクラブ活動などもなされている。そして、そのクラブ活動に読者を主とした市民が集い、交流する場ともなっている。だが

163

当初は「なぜ、ホームレスがサッカーをする必要があるのか」というように、各種クラブ活動の意義がなかなか理解されなかったという（佐野 2010）。それはなぜなのだろうか。そして、ホームレスの人々と市民とが共に楽しむということには、どのような意味、対抗性があるのだろうか。

　本章ではまずホームレスと余暇をめぐる先行研究をまとめ、ホームレスの人々と市民がスポーツ・文化活動でともに楽しむ意味や意義について考察する。

2　先行研究の検討

　ホームレスと余暇をめぐる先行研究の数はそれほど多くはなく、今後もさらに研究が進められるべき領域となっている（Hodgetts and Stolte 2015; Harmon 2019）。Darrin Hodgetts and Ottilie Stolte（2015）によると「ホームレスと余暇をめぐる研究」という趣旨を説明すると「彼らはもう休暇中なのでは？」や「働かないことを選んでホームレスになったのに、なぜまだ余暇が必要なの？」という反応が返ってきたという。ホームレスと余暇という研究領域が拓かれなかったこと自体にこのような社会の意識が反映されている。

　これまでになされてきた先行研究はいくつかに類型化できる。1つがホームレスの人々にとって余暇がいかに重要であるかを示したもので、特に余暇によってホームレス生活のストレスが軽減され、心身が健康に保たれるという文脈で語られるものが多い（Klitzing 2003, 2004a, 2004b; Knestaut et al. 2010）。もう1つが社会的排除／包摂論との関連で語られるもので、余暇によって人とのつながりができ、それによってホームレスの人々の社会的排除が解消されるという文脈で語られるものである（Dawson and Harrington 1996; Trussell and Mair 2010）。

　ストリート・ペーパーとの関連でいえば、2003年から毎年開催されているホームレスの人々によるサッカーの世界大会である「ホームレス・ワールドカップ（以下、HWC）」に関する研究が蓄積されているが、こちらは社会的排

除／包摂論と接続したものが多い（Sherry 2010; Magee and Jeanes 2011; 稗田 2017）。このようにホームレスと余暇をめぐっては、ホームレスの人々にとって余暇がどのような意味・意義をもつのかを追求した研究が大半を占める。

一方で、岡田千あき（2016）や糸数温子（2019）のように、HWC が社会にどのような戦略で働きかけているかを分析するものもある。だが、ホームレスの人々と市民とがともに余暇を過ごすことが、市民にとってどのような意味を持つのかを分析した研究は管見の限り見当たらない。

本書の趣旨はホームレスの人々と市民とから成る対抗的公共圏の可能性を追求するものであるので、本章においても、販売者と読者とがともに余暇を過ごすことが両者にとってどのような意味を持つのかについて考察を深めていきたい。

3　雑誌売買を超えた交流

ビッグイシュー基金では、雑誌販売以外に販売者と市民が交流できる場を設けている。大きく２つに大別でき、１つは毎年中之島公会堂などの会場を借りて行うクリスマス会や、音楽ライブと座談会のりんりんフェスなどのイベント系である。もう１つが各種クラブ活動で、その種類もフットサルクラブ、ウォーキングクラブ、講談クラブ、バンド活動、ダンス、元板前だった販売者がかかわる子ども食堂など多彩だ。

中でもフットサルクラブは、HWC とのかかわりもあり、2015 年にはダイバーシティカップ協会を立ち上げるなど基金としても力を入れている分野である一方で、様々なアクターの思惑が交差する場でもある。そこで以降は特にフットサルクラブに焦点を当てて、市民の意識の変容に注目しながら冒頭の点について考えてみたい。

4 HWC とダイバーシティカップ

4.1 概要

HWC は 2003 年にオーストリアのグラーツで初めて開催された、ホームレスの人々によるフットサルの世界大会である。毎年世界の様々な場所で開催されており、2019 年にウェールズのカーディフで行われた大会には 46 ヶ国から480 人の選手が参加した（HWC 2022）。日本も『ビッグイシュー日本版』の販売者を中心とした選手団を 2004 年のスウェーデン・イェーテボリ大会、2009年のイタリア・ミラノ大会、2011 年のフランス・パリ大会に派遣している[1]。

だが、その際に「なぜ、ホームレスがサッカーをする必要があるのか」というように、各種クラブ活動の意義がなかなか理解されなかった（佐野 2010）というのは前述のとおりである。2011 年のフランス・パリ大会の折にはスポンサー探しをしたが、「なぜ怠け者のホームレスの人にうちの会社がスポンサーをしないといけないのですか」「選手も君たちも自立を目指すというのなら、サッカーの他にやることがあるのではないですか……」という反応があったという（蛭間 2014）。

その後、年 1 回の国際大会である HWC とともに、国内で日常的にフットサルを楽しめる場としてダイバーシティカップが開設された。ビッグイシュー基金（2022d）によると、「ホームレスの人にとどまらず、うつ病、LGBT、若年無業者、不登校やひきこもりの経験者、依存症の当事者など、様々な社会的背景、困難を持つ人が集い、交流するフットサル大会」が「ダイバーシティカップ」だという。そして「東京、大阪で行われた大会には、延べ 1,000 人以上が参加し、多様な生き方・価値観に出会う場」となっているという。

4.2 自立へ至る道としてのフットサル

前述のようにホームレスの人々の余暇の意義が社会ではなかなか理解されない中、基金や HWC のウェブサイトではホームレスの人々がフットサルをする意味は自立へ至る手段という位置づけで語っている。例えばビッグイシュー基

金（2022d）では、「自立への心の準備を促し、人間関係をつくる」とその意義が強調されている。またHWC（2022）では「ホームレス状態に陥ると人は社会から排除されたように感じる。フットサルのチームに参加することはコミュニティの一員となるささやかだが重要な一歩」という。そして「フットサルに参加することで、決められた時間に練習に顔を出し、チームプレーを学ぶことでエンパワメントされ、選手たちは自分自身で人生を変えられると考えられるようになる」という。

　このように基金やHWCといった組織内のモデル・ストーリーではフットサルが自立へ至る手段として語られているが、HWCやダイバーシティカップ、また定期的に行われている練習に参加した市民の人たちはホームレスの人々とのフットサルの時間をどのようにとらえているのだろうか。

5　「販売者が楽しそうでよかった」

　フットサルの練習場に赴くと、十数名が円になってストレッチをしていた。大学生、社会人らしき男女と中高年男性。雑談しながら和やかな雰囲気だ。いざ練習試合が始まると、繰り出したパスがあらぬ方向へ飛び、笑いが絶えない。「ドンマイ、ドンマイ！」と互いに声を掛け合う。誰かがゴールを決めると、敵も味方も関係なく喜びを分かち合う。

　フットサルの練習やダイバーシティカップに参加した読者は皆一様に「販売者が楽しそうでよかった」と語り、自らも「楽しかった」と振り返る。

　フットサルの練習に参加したことのあるcさん（30代、女性）は

　　ホームレスの人の目が輝いている。楽しそうでいいなと思いました。生活プラス楽しみがあるのが人間だから。ホームレスだから、「楽しむな」という人も中にはいるかもしれないけど。

と語り、vさん（30代、女性）もまた、

第8章　「ともに楽しむ」という対抗性　167

ホームレスの人が楽しむと批判する人もいますが、私はいいと思う。人間
　　だし、余暇も必要ですよね。

　と語る。このように、「ホームレスだから、『楽しむな』という人も中にはい
るかもしれないけど」「ホームレスの人が楽しむと批判する人もいますが」と
社会の意識を把握しながらも、「生活プラス楽しみがあるのが人間だから」「人
間だし、余暇も必要ですよね」とホームレスの人々が余暇を楽しむことを肯定
している。これはスポンサー探しの際の「選手も君たちも自立を目指すという
のなら、サッカーの他にやることがあるのではないですか……」といった社会
の意識や、自立への道のりを強調する基金やHWCのウェブサイトとは一線を
画す。
　練習に参加した市民の人々は、販売者の自立を願うような語りは口にせず、
ただ販売者の楽しむ姿が見られたことを喜んでいる。

6　応援し合う文化

　一方、販売者が楽しんでいる様子が語られるだけでなく、関係者自身がこれ
までとは違った形でフットサルを楽しんでいることを口にする人もいる。
　Cさん（30代、男性）はこれまで十数年サッカーに親しんできたが、HWC
の練習に参加して、「こんなに楽しいサッカーがあるんだ」と感じたという。

　　テクニックとか経験よりも、公園の片隅で皆でワイワイやっていて、誰も
　　しんどくないし、誰もつまらなさそうな顔をしていない。販売者さんと話
　　してても、「サッカーすると楽しいじゃん」って同じようなこと考えてて。
　　雰囲気が良かった。

　と語る。そして、

168　第Ⅲ部　ストリート・ペーパーの日常的実践分析

今までやってた我慢大会みたいなガチガチしたサッカーじゃなくて、こう
　　いう多様性もいいな、作れるじゃんと思いましたね。サッカーもいろんな
　　楽しみ方があるんやということを知ったというか。

という。Ｃさんの語る「今までやってた我慢大会みたいなガチガチしたサッ
カー」ではないという「楽しさ」の源は何なのだろうか。「楽しさ」について
は他の参加者も言及している。
　ダイバーシティカップの応援に行ったことがあるというＪさん（30代、女
性）は、ダイバーシティカップの楽しさについて以下のように語っている。

　　私はもちろん「野武士」[2]を応援するけど、相手のチームでもいいプレー
　　があれば「おー！」ってなるし。敵だろうが味方だろうがいいプレーには
　　賛辞を惜しまない。

Ｊさんは「敵だろうが味方だろうがいいプレーには賛辞を惜しまない」と語
り、「楽しさ」の源が「応援し合う文化」にあると言う。それは年1回の国際
大会であるHWCに参加した人たちも感じた「楽しさ」のようである。
　2011年のフランス・パリ大会に応援に駆けつけたｔさん（50代、男性）は

　　自分もスポーツ好きやけどさ、あんなに声枯らして応援したことなかっ
　　た。なんやろ、素直に応援できるというか。ホームレスの人で「こうやっ
　　て生きてきて」っていう話を聞いたら「頑張って生きてください」って思
　　うやん。思うけど、その人の人生を頑張ってくださいって強く言えない部
　　分もあってさ、年上の人に頑張ってくださいっていうのもなっていうのが
　　あるけど、目の前のサッカーに対してだったら心置きなく応援できるって
　　いう。

第8章　「ともに楽しむ」という対抗性　169

と語る。HWCに参加したtさんも「目の前のサッカーに対してだったら心置きなく応援できる」ところを醍醐味としており、「楽しさ」の源が応援し合う文化にあることがわかる。

2004年のスウェーデン・イェーテボリ大会に駆けつけたgさん（50代、男性）も、「イェーテボリだと街中で誰でも入れて、誰でも見られる、だからすごく盛り上がっていた」と語り、前出のtさん（50代、男性）もまた、「エッフェル塔の下。パリジャンが散歩するようなところでやるから」散歩途中にふらりと観戦に来る市民も多いという。

このようにHWCは公共空間で行われるホームレスの人々によるフットサル大会にふらりと立ち寄って「ホームレス問題」を知る機会となっており、見知らぬ〈他者〉である知り合いではないホームレスの人々の繰り広げる試合にエールを送る。このことがどのように「対抗性」につながっていくのだろうか。次節で考察を深めたい。

7 考察と結論

ホームレスの人々と市民とがともに余暇を楽しむこと。このことが自己責任の道へと陥らず、新たな道を切り開いていくこととどのような関係があるのだろうか。

第2章で見てきたように、新自由主義と共振した福祉国家においては、すべての市民が自己という人的資本をたゆみなく開発し、活用することが求められ始めている。そのような文脈においては、自己統治に「失敗」したホームレスの人々は「余暇を楽しむ時間があれば、自己の能力を高めることに投資せよ」ということになるのだろう。それは、第2節で確認したように「ホームレスと余暇をめぐる研究」が拓かれていかなかったことにも関連しているし、日本でのHWCのスポンサー探しの際の反応にも表れている。

だからこそ基金では、そのような社会の意識と共振するように「自立への心の準備を促し、人間関係をつくる」と自立への道が強調され、HWCのウェブ

サイトにおいても「フットサルに参加することでエンパワメントされ、選手たちは自分自身で人生を変えられると考えるようになる」と記されている。

　だが、「自立」できるかどうかは、その時の雇用状況や社会の意識などとも深くかかわっており、そのような視点がなければ「自立できなかった」当事者に責任を帰すような道が開かれてしまうだろう。もちろん HWC での経験や人脈を足がかりとしてホームレス状態を脱する人々は多く存在し、そのことの意義はあるだろう[3]。だが本章では、ホームレスの人々と市民とがともにフットサルを楽しむ意義を別の角度から探ってみたい。

　1 つには前節で確認したような「応援し合う文化」が参考になるだろう。佐藤嘉幸（2009: 33）によると、新自由主義的統治は、社会のあらゆる局面に競争メカニズムを構築し、それによって社会を統治しようとするという。そしてそのような「公正な競争」に負けた落伍者に福祉依存させるのかという論調が、福祉国家を切り詰める政策へ転じさせたことは第 1 章で見てきた通りである。

　だがホームレスの人々と市民とがともに楽しむサッカーは「敵だろうが味方だろうがいいプレーには賛辞を惜しま」ず、「声枯らして応援し」てしまうものだった。それは一瞬だとしても、そのサッカーをともに楽しんでいる時間は競争に駆り立てられる新自由主義的統治から解放された「楽しさ」だったのではないだろうか。

　これまでホームレス研究においては、青木（1989）や中根（2001）らが野宿者による抵抗を描いてきた。青木（1989）は野宿者自身の状況変革へ向けた主体性を捉えることを主張し、中根（2001）は野宿者たちの個人レベルでの抵抗に着目することが、野宿者を排除しようとするイデオロギーに対抗し、社会変革をもたらすとした。両者が想定していたのは、野宿者の社会に対する抵抗と思われるが、2020 年代の日本においては渋谷（2017）が指摘するように労働者／失業者の区別は消えており、「たとえば失業者は無条件で失業給付を受けるのではなく、積極的に求職活動をするなど自己の存在を資本化することを通じて、自身の経済的統治におけるエージェントであることが条件として求めら

れる。他方、雇用されている労働者も、自己の技能、能力、アントレプレナーシップをいっそう高めることが期待される」（渋谷 2017: 34）。

　労働者／失業者の区別が消え、ともにたゆみなく自己資本を高めることを要請されており、競争に駆り立てられる時代において、あらぬ方向にパスが飛んでも笑いが起こり、誰がゴールを決めてもともに喜び合う空間はまったく違うルールが適用されている一種のアジール[4]である。それはホームレスの人々にとってだけではなく、同じ「ルール」の下に生きる市民にとってもそうなのである。そのように考える時、ホームレスの人々と市民とがともに楽しむ余暇が、「アントレプレナー的個人」とは違った主体を立ち上げる契機となり、1つの抵抗となりうるのではないだろうか。

　本章ではホームレスの人々と市民とがともにサッカーの試合に興じることにある対抗性について見てきた。次章では傷つきやすさへの「呼びかけ」と「応答」という日常的実践に焦点を当てて、新しい社会構想へと至る道についてさらに考察を深めていく。

注
1) その後、2024 年には韓国・ソウル大会に選手団を派遣している。
2) 野武士ジャパン。『ビッグイシュー日本版』販売者を中心としたホームレス当事者、経験者によるフットサルチームのこと。
3) メキシコでは HWC の元選手が出場後にコーチとして次世代の選手を養成するなど就労の機会をつくっている。また香港では出場選手の 90％ が自立を果たしているという。詳細は稗田（2017）参照。
4) 有薗真代（2017: 174）は、アジールとは「ある人間が持続的あるいは一時的に『不可侵な存在』となりうる時空間」（Henssler 1954=2010）とし、「世俗の権力から自律した『自由と平和』の原理によって編成される時空間」（網野 1996）としたが、本書もこの有薗（2017）の議論から着想を得ている。

第9章
応答し合う関係性から始まる
新しい社会構想とは？

1　問題の所在

　第Ⅲ部では、ストリート・ペーパーにおける活動が、どうすれば自己責任の
道へと陥らず、新たな道を切り開いていけるのかを参与観察と聞き取り調査に
よって明らかにしようとしている。第7章においては、ホームレス施策同様に
就労自立を目指していたストリート・ペーパーが包摂策を変容させる可能性を
見せ、販売者と市民との日常的実践によって「居場所」としての機能も獲得し
てきたことを見てきた。また第8章においてはスポーツや文化活動などでとも
に楽しむことがどのような対抗性へと通じるのかを考察した。

　それでは、第7章のような包摂策の変容の可能性や「居場所」としての機
能、また第8章のようなともに楽しむという対抗性は、どのような新たな社会
構想へと向かうのであろうか。本章では、これまで見てきたような販売者と関
係者とによる日常的実践がどのような新しい社会構想に通じていくのかを明ら
かにしていきたい。

　そのために、「呼びかけ」と「応答」という側面に焦点を当てて考察を深め
ていく。というのも第5章の欧米の販売者のライフストーリーにおいて、長時
間かけて信頼関係を築いた先にロバート・グディンの「傷つきやすさを避ける
モデル」（Goodin 1985）のような、他者の「傷つきやすさ」に応答し責任を引
き受けるような関係性が生まれていることを確認したからである。第5章で
は、販売者の「傷つきやすさ」にお得意さんたちが応答し、責任を果たしてい

173

た。それは Gilligan（1982=1986）が指摘するような、他者に応答されないことによって傷つく可能性のある存在を放置しない「ケアの倫理」に基づく責任の果たし方ともいえる。

　このような「呼びかけ」と「応答」は日本のストリート・ペーパーの現場にも見られるのだろうか。そのことを聞き取り調査と参与観察によって明らかにしたい。またそのような販売者と読者の日常的実践がどのような新しい社会構想へとつながるのかも考察していく。

2　呼びかけと応答

2.1　傷つきやすさへの応答

　販売者にお客さんとの交流を聞くと、自らの傷つきやすさへの応答を得た経験を話す人が多い。

　単身・無職で実家にいづらくなり、地方から大阪に出てきてホームレス状態に陥ったハシノさん（60 代、男性）は、「3 ヶ月大腿骨骨折で入院した時に、お客さんが『大丈夫？』ってえらい心配してくれて」と語り、借金により妻子をおいて家を飛び出してから数十年路上生活を続けてきたヒノさん（70 代、男性）は「販売中だったらいつ倒れても安心。お客さんが救急車を呼んでくれると思えるから」という。

　このように自らの傷つきやすさへの応答というのは、何年も前の出来事であったとしても鮮明に記憶に残っており、生きていく足がかりになるような経験となっている。

　傷つきやすさへの応答に関して、長年販売サポートを担当してきたスタッフの m、n、o さんがよく覚えているのが販売者のフクマさんだという。

　フクマさんはお店を経営していたが、経営不振により自己破産しホームレス状態に陥った。スタッフの o さんによると、

　　路上生活をしていた頃は、自暴自棄になった時期もあるって言ってて。今

まで路上生活だけでは出会えなかった人とかいろんな人から声をかけてもらえるって、それで昔の商売も思い出してやってるって、すごくエネルギッシュに語ってくれていて。

だが、フクマさんは４年前認知症になってしまった。

グループホームっていうんですかね、利用することになるんですけど。その時も、彼のお客さんが全部つないでくれたんですね。市の職員も彼のお客さんで、グループホームの職員も彼のお客さん。認知症がすごく進んでしまって売り場にたどり着けないこともあったんですけど、そんな時に彼のことをすごく心配してくれるお客さんとかもいて。「フクマさんが売り場にいないけど大丈夫か？」っていろんな人が事務所に電話をかけてくれて。いろんな人に影響を与えていたんだなと思いましたね。

とｏさんは語り、ビッグイシューの意義は謳われているような「自立」にではなく、このような「コミュニティ」にあると感じているという。

ビッグイシューはよく「（ホームレスである販売者は）ビジネスパートナーだ」っていう言い方をしますけど、実際どれだけの人が次の仕事に就いているかというと、疑問もある。一方でビッグイシューという仕組みだったり、コミュニティがあることで、いきいきしている人がいるっていうのは感じていたので。フクマさんは印象的でしたね。

ｏさんも、第７章でスタッフのＩさんが語ったように言説レベルのモデル・ストーリーである「就労自立」と日常的実践のレベルとのダブルスタンダードを認めている。それではｏさんの言う「コミュニティ」の意義とはどのようなところにあるのだろうか。次項で考察を深めたい。

第９章　応答し合う関係性から始まる新しい社会構想とは？　175

2.2 呼びかけと応答の実践

　前項のoさんの語りに出てきた「コミュニティ」の意義を考えるために、さらにフクマさんの事例について考えてみたい。

　元スタッフのnさんはビッグイシューを離職した後も、フクマさんと連絡を取っており、

　　　先月も電話で話すことができたんだけど。本当にいろんなことをこぼれ落ちるように忘れてしまってるんですけど、不思議と販売していた時のことは覚えてるんですよ。「なんで俺はここにいるんだ」とか自分の生活についてはわからないほど認知症が進んでいるのに。

と語る。nさんの語りから、フクマさんはビッグイシューの販売の仕事を辞めた後も販売していた時のことを口にし、nさんはスタッフを辞した後もフクマさんの元に訪問を続けている。このようにoさんの言う「コミュニティ」は単なる雑誌売買の仕事を超えて継続されている。

　フクマさんの事例は生の傷つきやすさの応答への最たるものだが、販売者と読者は日常的に大小様々な呼びかけと応答の実践を行っている。夏の暑い日に販売場所に立っているとお客さんから何本もペットボトルの差し入れがあり（ヘンミさん）、年始には年賀状のやり取りがあり（ホソダさん、マエダさん）、ホームレス状態を脱してアパートに入る日には引越しの手伝いに読者の人々が来たり（ミノさん）する。

　Jさん（30代、女性）はまた、1足の靴のことが忘れられないと言う。

　　　ムラノさんっていう販売者さんのことを今でもよく覚えていますね。身体を悪くして、雑誌の販売は辞めて「もやい」[1]で保証人になってもらってアパート入って。全身に癌が広がって転移していたんですけど、それでも（ビッグイシュー基金主催の音楽イベントである）りんりんフェスに来てて。見るからにしんどそうで、人と会話するっていうのでもないんだけ

176　第Ⅲ部　ストリート・ペーパーの日常的実践分析

ど、人のいるところに居たかったのかな。本当に肩で息をして、会話もできないくらい、歩くのもやっとで。その会場で靴の販売もしていたんで、「あの靴がほしい」って言うんで、買ってお渡ししたんです。

　それから半年後に亡くなったんですけど、その直前に皆でお家に行こうかってなったんですけど、私は仕事が忙しくて行けなくて。ｎさんが行ってくれて「買ってあげた靴ね、履かずに後生大事に枕元に置いてあったよ」って言われて。

と語る。Ｊさんの事例においてもムラノさんは既に雑誌販売の仕事は病気によって辞めているものの、そこで得た人とのつながりは継続されている。そしてムラノさんの呼びかけに応答したことはＪさんにとっても忘れられない経験となっている。

　聞き取り調査によれば、Ｊさんのように読者が販売者の呼びかけに応答することもあれば、販売者が読者の呼びかけに応答することもある。販売者のメモトさんはいつも親子連れで雑誌を買いに来る親子の運動会に「見に来て」と頼まれて、応援に行ったと言う。

　Ｚさん（40代、男性）はまた、

　　販売者のモチダさんのところには、僕よく会いに行ってましたよ。モチダ
　　さんと話すことが癒しになっていたんですね

と語るが、参与観察の途中でも、ふらりと販売場所を訪れて道を尋ねる人もいれば、ひとしきりおしゃべりをしていく人もいる。このように販売者と読者とは単なる雑誌売買を超えて、日常的に立場を相互転換しながら大小様々な呼びかけと応答の実践を繰り返している。

　このような大小様々な呼びかけと応答の実践はどのような新しい社会観に結びつくのだろうか。次節にて考察していきたい。

第9章　応答し合う関係性から始まる新しい社会構想とは？　177

3 「理由がない」こと、自分も存在として受け入れられること

　このような呼びかけと応答の実践を日々行う中で、自分なりの社会観を持ち始める人もいる。

　gさん（50代、男性）は「今は人を助けるのにいろんな理由づけが必要な時代だよね」と語る。

　　今は、「なんであなた腹減ったの？」「実はコロナで」「リーマンショックで」って言うと、「だったら、よくわかるから食べ物あげるよ」と。でも「僕、寝坊癖があって、仕事に行けなくなって」って言うと「だったら知らないよ、自分のせいじゃないか」って言われてしまう。今ってそういう世の中じゃないかと思う。

と語る。

　　支援団体もさ、支援を促す時に、「今彼らが生活保護を取れば2、3年で納税者になりますよ」って言うじゃない。支援団体も皆、その理由を作り出すんだよね。でも理由を作れば作るほど当たり前の人間関係から遠ざかる。本当はさ、腹が減ってたら辛いよね、仕事なかったら辛いよねと。失職しようと競馬でしようと腹減ってたら辛い。とりあえず今食おうじゃないかと。理由はいらないんだよ。でも今って当たり前の人間関係ができていないから、腹減ってたら理由を問われるわけさ。

と言う。

　確かに第6章では、「頑張っているホームレスだから助けたい」という読者がおり、第7章ではホームレスの人々のクラブ活動のために「自立への心の準備を促し、人間関係をつくる」とその意義が強調される。「ホームレス」をめぐる言説に、資本を効率的に回収せよという新自由主義的な思想が染み出して

いるのである。そしてそのような言説が社会で受け入れられやすいという状況下で、支援団体も共振したモデル・ストーリーを生み出しやすい。だがgさんは「目の前に腹が減ってる人がいるのに、その理由が気に食わないからといって助けないの？」「理由はいらないんだよ」と言う。

　Jさんも、

　　今の世の中って、「××をしたから良い」っていう行為についての承認はあるけど、生きているだけで尊いっていうふうになってないですよね。どういう状態で、どういう過去があっても、いてもいいよというような場所がない。

と言う。そして、ホームレスの人々の居場所となっているストリート・ペーパーは関係者にとっても居場所となっていると語る。

　　ストリート・ペーパーで勤めてる人って、意識高い系の若い人たちが多い。でもあるスタッフが辞めるっていうんで話してた時に、一見何の不自由もなさそうに見えたけど「ずっと息苦しかったけど、ストリート・ペーパーに来てやっと息ができるようになった」って泣きながら話していて。だから支援してるっていうより他者を受け入れつつ、自分も存在として受け入れられているという場になってるのかなと思ったりしましたね。

　Jさんは支援する側が現代社会で生きる息苦しさを口にし、ホームレスの人々という「他者を受け入れ」ることで結果的に「自分も存在として受け入れられている」場として支援する側も感じられるようになっていると言う。

　このJさんの語りからは、渋谷（2017: 33）が指摘したような、失業者と労働者の区別が消えて、ともに自己の資本を高めることを常に要請されている新自由主義と共振した福祉国家に生きる者の息苦しさが垣間見える。

　gさんの「人を助けるのにいろんな理由づけが必要な時代」とJさんの

「ずっと息苦しかったけど……自分も存在として受け入れられている」という語りは一見まったく別の内容を語っているように見えて、実際は「資本を効率的に回収せよ」という新自由主義と共振した現代社会を投影している。

　だが、Jさんの言う「ずっと息苦しかった」スタッフがストリート・ペーパーで働き始めて「支援してるっていうより他者を受け入れつつ、自分も存在として受け入れられているという場」と感じられたことは、「資本が効率的に回収できなくても、その場にいて良い」という新自由主義とは別様の原理が場に適用されていると考えられる。そしてそれは新たな社会構想へと続く道という可能性もある。この可能性について、次節でさらに考察を深めたい。

4　社会への信頼の取り戻し

　「支援してるっていうより他者を受け入れつつ、自分も存在として受け入れられているという場」というJさんの語りをさらに考察するための補助線と考えられるのが、日々呼びかけと応答の実践を見る中で、社会への信頼を取り戻していくスタッフの存在である。

　スタッフのdさん（30代、女性）は、

　今まで自分の弱いところを隠そうとしてたんですけど、むしろそれを出したり、それを認めながら販売をしている人を見て、すごいなと思ったし。私はその弱い部分を認められない期間が何年もあったので「すごいな」と。それを話すことで救われる人も結構いるんだなというのを、自分が救われたので思うことができて。そういう部分を隠さずに、人に話してもいいなと思って。他の人にどう頼ろうかと思えるようになった。

と言う。dさんは販売者が自らの弱さを認めながら販売している姿に「自分が救われた」という。そして「他の人にどう頼ろうかと思えるようになった」のだという。

またｔさん（50代、男性）も

> ホームレスの人と出会って、自分の人生観はめっちゃ変わりましたね。楽
> になった。自分がどうなっても、誰かが助けてくれるわって思えるように
> なった。

と言う。ｄさんが「他の人にどう頼ろうかと思えるようになった」と語るように、ｔさんもホームレスの人と出会って「自分がどうなっても、誰かが助けてくれるわって思えるようになった」のだと言う。

「弱さを隠して生きてきた」というｄさんや、これまで自分で何とかしようとしてきたであろうｔさんの語りには、ますます多くの人々が不安定性を経験しているにもかかわらず、その不安定性を自己の責任で制御して自立せよというほぼ不可能な使命を課されている今の社会の規範が透けて見える。

だがホームレスの人々の傷つきやすさへ応答がなされている様子を目の当たりにすることで、「他の人にどう頼ろうかと思えるようになった」「自分がどうなっても、誰かが助けてくれるわって思えるようになった」と語り、「頼る」「助けてもらう」ということの価値がネガティブなものから変容を遂げている。

このような変容は何を意味するのだろうか。次節でさらに考察を深めたい。

5　考察と結論

5.1　自己責任を回避する「傷つきやすさを避けるモデル」

本章の目的は、販売者と関係者とによる日常的実践がどのような新しい社会構想に通じるのかを明らかにしていくことだった。

第6章で見てきたように、都市の公共空間において多くのホームレスの人々が生の傷つきやすさにさらされているにもかかわらず応答を得ることができず、また市民の方も街でホームレスの人を見かけても、Ｙさん、ｔさん、Ｊさんのようにその傷つきやすさに気づかない人や、ｎさん、ｋさん、Ｄさんのよ

うに応答の仕方がわからず立ち往生する人がいた。

　だがストリート・ペーパーの活動現場においてはフクマさんの事例のように それぞれの人々が直面する傷つきやすさに対して「傷つきやすさを避けるモデル」のように責任を果たす人々もいた。そしてその様子を目撃することでtさん、dさんのように社会への信頼を取り戻すスタッフもいた。

　現代社会において、ますます多くの人々が構造の変容や制度の疲弊により「仕事」「家族」で包摂されずに不安定性を経験する中で、その不安定性を自己の責任で制御して自立せよというほぼ不可能な使命を課されている。それは弱さを隠して生きてきたというdさんや、自分で何とかしようとしてきたtさんの語りにも現れている。だが、その自立することへの「責任」の要求に自力で従えば従うほど、ますます社会的に孤立し、ますます不安定だと感じるようになるという悪循環の鎖をどのように解くことができるのだろうか。

　1つの可能性として、ホームレスの人々の傷つきやすさへの応答が「傷つきやすさを避けるモデル」によってなされる中で、関係者の間にも社会への信頼が取り戻されていることにあるように思われる。

　これまでホームレスの人々に課された包摂策は、例えば特措法においては自立した主体になるように矯正して社会へ包摂されるものだった。そしてビッグイシューにおいても「ホームレスの自立を応援する」がモデル・ストーリーとなっており、表向きには自立した主体の追求が織り込まれている。だが一方で、oさんがビッグイシューの意義は「自立」にではなく「コミュニティ」にあると感じていると語ったように、販売者と関係者との日常的実践においては単なる雑誌売買を超えて傷つきやすさへの呼びかけと応答によって形づくられるつながりがあり、それは他者の傷つきやすさからの呼びかけに応じるかたちで、呼びかけに応じた人を包摂していくものだった。そのような他者の傷つきやすさへ呼びかけられた者が応答する相互行為に、自己責任に陥る回路を回避する道があるのではないだろうか。

　そしてそれは当事者であるホームレスの人々のみならず、「支援」する立場であるはずの市民にとっても自己責任の呪縛から解放され、社会への信頼を取

182　第Ⅲ部　ストリート・ペーパーの日常的実践分析

り戻す道筋なのである。

この傷つきやすさへの呼びかけと応答についてさらに考察を深めるため、次項では創発的連帯の議論を補助線にさらに考えていきたい。

5.2 創発的連帯

本書ではホームレス状態を経験した人々と市民という立場を超えた人々が活動する対抗的公共圏の可能性を追求しているが、アイデンティティに基づかない連帯をめぐっては、序章で述べたように Butler（1990＝1999）の「創発的連帯」がよく知られている。創発的連帯とは「定義によって可能性を閉じてしまうような規範的な最終目的にしたがうことなく、多様な収束や分散を容認する開かれた集合」（Butler 1990＝1999:44）であり、例えば「女」というカテゴリーに固定されたアイデンティティに基づいて連帯するのではなく、アイデンティティを要請することなく、その場その場に出現する（創発する）連帯の可能性を主張している。

序章で見てきたように、この概念を用いて高谷（2009）は非正規滞在移住労働者を支援する労働組合を対象に、いかにして創発的連帯が立場の異なる研修生と他の移住労働者の間に築かれ、対抗的公共圏を立ち上げるかを分析している。

ここで高谷（2009）や Butler（1990＝1999）が想定しているのは「労働者」や「女」といったあるカテゴリー内でのアイデンティティに基づかない連帯である。一方で、本稿で論じたいのは、「ホームレスの人々」と「そうではない市民」というカテゴリーを架橋するような創発的連帯の可能性である。そのような連帯は可能なのであろうか。

近年 Butler（2015＝2018）は、連帯に関する論をさらに進め、不安定性（プレカリティ）に可能性を見出し、いかにして不安定性（プレカリティ）が、他の手段では多くの共通点を見出せない人々の諸集団の間で連携の場として機能しうるかを検討している。

Butler（2015＝2018）によると、不安定性（プレカリティ）は、「女性、クィ

ア、トランスジェンダーの人々、貧者、身体障害者、無国籍者、また宗教的、人種的マイノリティを集合させる概念」であり、社会的、経済的条件であるが、アイデンティティではないという。そして、「不安定性（プレカリティ）はこれらのカテゴリーを横断し、互いが帰属していることを認めていない人々の間に潜在的な連携を生み出す」といい、オキュパイ・ウォール・ストリートでそれが顕在化したという。

だが、オキュパイ・ウォール・ストリートには2つの考慮すべき点があったのではないだろうか。1つは、オキュパイ運動内部でもホームレスの人々の排除があったことである。Butler は 2011 年 10 月 23 日にズコッティパークに出向き、スピーチを行っている。そして「私たちは、公の場で集会を開き、同盟を結び合った身体を持ち寄って、街頭や広場で一体となります」と語った（Blumenkranz eds. 2011=2012: 120）。

Butler は「同盟を結び合った身体を持ち寄って、街頭や広場で一体となります」と語ったが、実際には、格差是正を訴えるオキュパイ運動内部でもホームレスの人々を運動に「貢献する」かどうかで選別し、排除したことが報告されている（Blumenkranz eds. 2011=2012: 114）。そして「ホームレスの人たちが運動の一部に『値する』かどうかという政治的な計算は、運動の中心に既存の構造的暴力と排除を再生産しかねない」（Blumenkranz eds. 2011=2012: 114-5）と参加者から指摘されている。

このように米国から端を発した、新自由主義的権力や格差是正の異議申し立ての場においても、ホームレスの人々に「貢献」を求めるという皮肉な状況が起こっている。これほどまでにホームレスの人々をめぐる「抗議する人たち」か「シェルターが欲しい人たち」かという二者択一で語る枠組みは強固に存在しており（Blumenkranz eds. 2011=2012: 116）、だからこそ対抗的な新たな言説は今でも必要とされている。

2つ目に考慮すべき点として、運動の継続性についてである。オキュパイ・ウォール・ストリートは2ヶ月ほど続き世界に波及したものの、半年ほどして沈静化した。その評価は様々で、「オキュパイ・ウォール・ストリート運動は

水平的な直接民主主義にこだわったせいでうまく組織化されておらず、失敗に終わった」（Williams and Srnicek 2016）というものや、「この共通経験を通じて、これまでとは異なる集団的主体が形成され、自分たちの力で新たな社会を生み出せるという確信が得られた」とし、2014年以降の「選挙論的転回」に可能性を見出すもの（Milburn 2019）などがある。

　確かにオキュパイ運動の経験は、Milburn（2019）が述べるように「能動的出来事」として人々の意識に残る可能性は高いが、一方で異議申し立てが公共空間で可視化されたかたちでの運動は終わりを告げている。

　Butler（2015=2018）が言うように、プレカリティはカテゴリーを超えた人々の間に創発的な連帯を築く可能性を秘めているのだろう。だが、一方でその可能性が発揮されるためには〈他者化〉が解除される必要があり、活動の持続性については、そこに生活論的視座がなければ難しいのではないだろうか。

　それはいみじくも、スラヴォイ・ジジェクが2011年10月9日にズコッティパークで行ったスピーチにも表れている。

　　　……自分自身に恋するなかれ、ということです。私たちは、ここですばら
　　　しいときを過ごしています。ですが、覚えておいてください。お祭りは
　　　お手軽だということを。問題は、宴の後、普段の暮らしに戻らなければ
　　　ならないということです。そのとき、どんな変革が起こっているか……。
　　　（Blumenkranz eds. 2011=2012: 45）

　つまり、いかに普段の暮らしの中で、生活圏で対抗的公共圏を持続させることができるかということが今問われているのである。

　その際鍵となると思われるのが、先ほどから述べている主体に先立って普遍的に存在する「傷つきやすさ」という概念である。この「傷つきやすさ」に注目したGoodin（1985）は「傷つきやすさを避けるモデル」を提唱している。このモデルでは、誰がその傷つきやすさという状況をもたらしたかは問われない。初発の行為はどうであれ、最終的にその傷つきやすさを誰が最も効率的に

緩和しうるかに注目する。例えば岡野八代（2012）によると、子を養育する責任をもし両親が果たせない場合、親ではなくても何らかの形で子に対する危害を避けるための責任を果たしうるものが果たす方が良いと考える。この点において、「傷つきやすさを避けるモデル」は、過去の自分の行動の責任は自分で果たさなければならないとする自己責任論を超えていくモデルのように見える。

　なぜこの「傷つきやすさを避けるモデル」が新たな社会構想へ至る道なのかについては、終章にてさらに考察を深めたい。

注
1）特定非営利活動法人自立生活サポートセンター・もやい。ホームレスの人々や派遣労働者、生活保護受給者などの自立支援を行う団体。

コラム　家族機能の社会化を考える

ストリート・ペーパーの「家族」機能

　最近関わりを持った九州地域のホームレス支援団体で、聞き取り調査をしている時のことである。血のつながりはないにもかかわらず、困りごとの相談にのり、家・仕事探しを手伝い、家が見つかった後も見守りを行うスタッフのお一人に思わず「家族ではないのに、なぜそこまでご自分の時間・労力を割けるのですか」と尋ねてしまった。

　その時の答えがこうであった。「家族じゃないからできるのかもしれません。もし自分の親父だったらと思うと、『なぜ、こんなことまでしないといけないのか』と思ってしまうかもしれませんから」。

　世界のストリート・ペーパーでの参与観察・聞き取り調査においても、血のつながりのない他者がホームレス状態にある人々のケアを大小様々なかたちで担う場面に多く出くわした。そしてその関係性を説明する際に「家族」という言葉を持ち出す人も多かった。

　例えばドイツ北部のノイミュンスターで活動する『ディー・ジェルサレマー』はカフェを併設しているが常連のミヒャエルはこう話した。「12年間ほぼ毎日ここに通っているよ。時には仲間と話したり、時にはずっと本を読んだりしている。ここのカフェは、僕にとって第2の故郷といえる場所だね」（2011年5月16日聞き取り）。

　また、オランダ・ユトレヒトの『ストラート・ニュース』の販売者バートは「自分には、今も連絡を取っている家族はいないけれど、お客さんからたくさんの愛情をもらっている。毎日売り場に寄ってくれてハグをしてくれる人もいるよ。僕は、20人のお母さんと40人の祖母をもっているようなもんさ」と語った（2011年5月20日聞き取り）。

　ドイツのミヒャエルやオランダのバートのようにストリート・ペーパーにおける人間関係を「家族」になぞらえる語りは、第4章の日本の販売者

や第 5 章の欧米の販売者の語りにおいてもよく見られたものである。

　ではこの「家族」という言葉で、人はどのような関係性を表現しようとしているのだろうか。ミヒャエルの語りにおいては「12 年間ほぼ毎日ここに通っている」とあり、「時にはずっと本を読んだりしている」とある。お金を払ってしばしの間場所を提供する既存のカフェではなく、通っているカフェには毎日通っても、ずっと本を読んでいても誰からも立ち退きを迫られない「居場所」となっていることがわかる。

　また、バートの語りからは「たくさんの愛情をもらっている」とあり、そのような感情のやり取りが雑誌を買いに来るお客さんとの間にあることがわかる。

なぜ家族以外の他人の重荷を負い合う？

　第 9 章で確認したように日本のストリート・ペーパー『ビッグイシュー日本版』における日常的実践のレベルでも、「暑い日に販売しているとお茶の差し入れがある」といったちょっとした気配りから、認知症になった販売者のために施設を探すという本来なら家族が引き受けるような責任を他人が引き受けている例も存在する。

　文脈は異なるが、平成 27 年版厚生労働省白書『人口減少社会を考える』では、「家族と地域における子育てに関する意識調査」（内閣府 2013 年）を元に「家族の役割として重要なこと」を記している。同調査によると、「生活面でお互い協力し助け合う」（51.0％）、「夫または妻との愛情を育む」（38.4％）、「子どもを生み、育てる」（36.0％）、「経済的に支え合う」（33.9％）、「喜びや苦労を分かち合う」（33.5％）、「休息や心の安らぎを得る」（21.7％）、「皆がともに成長する」（19.8％）等とある。

　この調査に照らし合わせると、2010 年代に日本の人々が家族に期待する役割とストリート・ペーパーで担われている家族的な機能との大きな違いは、「夫婦間の愛情」「子どもを生み、育てる」といった生殖の領域のみで、その他の「生活面でお互い協力し助け合う」「経済的に支え合う」「喜

びや苦労を分かち合う」「休息や心の安らぎを得る」「皆がともに成長する」といった面は何らかのかたちで確認できる。

　国や地域、年代において「家族」が引き受けてきた役割は異なるだろうが、それでもこれまで「家族」が引き受けてきたであろう大小様々なケアを、血のつながらない他人が引き受けることはいかにして可能なのだろうか。

　「居場所」「愛情」「気配り」「責任」……合理的に考えれば引き受けたくないような重荷を、ストリート・ペーパーという場に集う人々はなぜ時に引き受けるのか。そこには、「社会への信頼を取り戻したい」「善行を積みたい」「傷つきやすさをさらけ出した人を放っておけない」といった様々な思いが交錯するのだろうが、冒頭の「家族じゃないからできるのかもしれません」という言葉にも、ヒントが隠されているような気がする。

　個人化の進む後期近代において、「なぜ人は家族以外の他人の重荷を負い合えるのか」というのは今後も重要な問いであると考える。

コラム参考文献

厚生労働省、2015、「家族の役割として重要なこと」、厚生労働省ホームページ、
　（2023年8月6日取得、https://www.mhlw.go.jp/wp/hakusyo/kousei/15/
　backdata/01-01-03-068.html）。
内閣府、2013、「家族と地域における子育てに関する意識調査」、内閣府ホームページ、
　（2023年8月6日取得、https://www8.cao.go.jp/shoushi/shoushika/research/h25/
　ishiki/index_pdf.html）。

終章
〈他者〉と出会い、構想する新たな社会

1　得られた知見の振り返り

　序章で述べたように、本書はストリート・ペーパーという対抗的公共圏がどのように生成・展開し、そこでどのようにホームレスの人々と市民とが出会い、新たな社会構想の芽となるようなアイデアを共有しうるのかを分析、考察することを目的とする。本書の構成にそって、これまでに得た知見を振り返っていきたい。

　まず第Ⅰ部では、日本のホームレスの人々をめぐる状況を把握するため、福祉施策やマスメディアにおける表象を確認した。そのために第1章では、「降格する貧困」の時代にある EU、米国、日本の福祉国家の変容とホームレスの人々への包摂策の変遷を確認した。その結果、経済危機と脱工業化が進む中で福祉国家が揺らぎ、福祉レジームの別をこえて新自由主義と共振し始めており、ホームレス施策にもその影響が及んでいたことがわかった。

　続く第2章においては、日本において社会がもつホームレスの人々へのイメージがどのような変遷を遂げてきたのかを知るために『朝日新聞』におけるホームレス表象を分析した。結果、ホームレス表象には「事件の被害者・加害者」「公共空間の占拠者」「被支援者」といったカテゴリー化に基づく〈他者化〉が見られた。その〈他者化〉の様相は、既に失業の急増や不安定な職業状況にあった 2000 年代初頭においても散見された。その後、数年遅れてホームレスの人々へ共感を示すような「降格する貧困」の特徴が見られた。

191

第Ⅱ部、第Ⅲ部では、日本のストリート・ペーパーである『ビッグイシュー日本版』に焦点を絞って分析を行った。特に第Ⅱ部（第4、5章）においては言説、第Ⅲ部（第6、7、8章）においては日常的実践をそれぞれ分析した。

　第3章においては、本書の対象であるストリート・ペーパーがどのような経緯で誕生したのかをまとめ、先行研究についても検討した。結果、海外のストリート・ペーパーの内容や体裁は、当該社会の人々の意識やストリート・ペーパー関係者の考え方などの影響を受け、多様性があった。また先行研究においては、ストリート・ペーパーの言説と日常的実践をともに検討したものはなく、本書ではその両者を分析し、考察することで、対抗的公共圏の生成・展開について考察を深めていくことを確認した。

　第4章においては、『ビッグイシュー日本版』における国内のホームレスの人々のライフストーリーのコーナーと読者投稿欄を合わせて分析することで、言説のレベルでどのように対抗的公共圏を生成・展開してきたのかを捉えた。結果、ライフストーリーにおいても社会構造を描き、販売者の行為主体性に着目した語りは効果的に読者に届いていたが、現状の福祉施策や就労支援策への疑念やオルタナティブな自立観はうまく受け入れられていなかった。

　第5章では、『ビッグイシュー日本版』に掲載された欧米のストリート・ペーパー販売者のライフストーリーを分析することで、そこで語られる「降格する貧困」の時代を生きるホームレスの人々がどのような対抗的な自立観を語り、そこでの語りが対抗的公共圏においてどのような意味をもちうるのかを分析した。海外の販売者のライフストーリーにおいても、第4章同様社会構造や販売者の行為主体性が描かれていた。とりわけ自らの「傷つきやすさ」に応答してくれるようなケアの倫理が織り込まれた関係性が描かれており、そのライフストーリーにより、ストリート・ペーパーという場の性格が再帰的に確認され、構築されていることが示唆された。

　第Ⅲ部では、関係者への聞き取りと参与観察により、ストリート・ペーパーにおいてどのような日常的実践が行われ、それがどのようにホームレス状態経験者と市民との間で対抗的公共圏が生成・展開する契機になったのかを考察し

た。

　第6章では、市民がストリート・ペーパーという対抗的公共圏に関わるように
なった契機を関係者50人への聞き取り調査から探った。結果、公共空間に
おける雑誌売買を通じた販売者との出会いと、彼らの語るライフストーリーに
反映された社会構造のいびつさと自らも抱える傷つきやすさへの気づきがさら
に深く活動に関わる契機となっていることがわかった。

　特に第2章の新聞報道における表象との違いを確認したい。新聞報道や投書
においても、ホームレスの人々の若年化が見られたⅡ期（2007年〜2013年）
以降はホームレスの人々への共感が見られたものの、「自らもホームレスにな
るかもしれない」という可能性に言及したものは見られなかった。一方で第6
章では、実際にホームレスの人々と出会い個人的なライフストーリーを聞くこ
とで「自分もホームレスになるかもしれない」という傷つきやすさへの気づき
があり、そこから地続きで「ホームレス問題」を捉える道が開かれていた。

　第7章では、販売者の「出戻り」という行為がストリート・ペーパーの包摂
策を変容させた事例を取り上げた。この事例から、組織の包摂策を変容させる
日常的実践が受け入れられるか受け入れられないかに、対抗性を保持しながら
活動を続けていけるかどうかがかかっていることを確認した。

　第8章では、ストリート・ペーパーで行われているクラブ活動に焦点を当て
て、ホームレスの人々と市民とがともに余暇を楽しむことにある対抗性につい
て考察した。結果、労働者／失業者ともにたゆみなく自己資本を高めることを
要請される新自由主義と共振した福祉国家において、ホームレスの人々と市民
とが敵味方関係なく応援し合うフットサルの場が競争原理とは異なるルールが
適用された一種のアジールとなっていることを確認した。

　第9章では、販売者と市民との間の「呼びかけ」と「応答」という日常的実
践の事例を取り上げ、他者の傷つきやすさに応答し責任を引き受ける関係性か
らどのような新しい社会構想が立ち上がるのかを見てきた。結果、〈他者〉と
の出会いによって自らの傷つきやすさを「思い出し」、その呼びかけに応じる
中で近代的主体を軸とした社会とは別様の新たな社会構想の芽が垣間見られ

た。それは例えば、理由が問われずに他者の傷つきやすさに応答したり、傷つきやすさから生まれる協働に着目したりしたものであった。そしてホームレス状態に陥っても呼びかけへの応答があり、生き延びることができる様を目撃することで、市民の方も社会への信頼を取り戻していた。

2 考察と結論

2.1 ホームレスの人々と市民との出会いの意味

それでは各章で得られた知見から、さらに考察を深め、結論を導き出したい。本項では特にホームレスの人々と市民とが出会うことの意味について考察を深める。

第6章で確認したように、先行研究において公共空間の私有化、均質化が進み、他者との出会いや相互作用が制限されていることが指摘されていた。確かに第6章の関係者への聞き取り調査からも「(ホームレスの人々は) そもそも生活圏におらず、接点がなかった」という人たちがいた。そのような公共空間において、法や人々の意識の狭間をかいくぐるように〈他者〉との出会いの場をつくりだしたという意味においては、「生活圏で雑誌売買を通じて出会う」という行為は対抗性を持ち合わせている。

そのような公共空間における雑誌売買を通じて出会ったホームレスの人々と市民とは対抗的公共圏を生成していくわけだが、対抗的公共圏の維持のためには販売者のライフストーリーが大きな役割を果たしていた。

第4章において、販売者のライフストーリーが社会におけるカテゴリー化されたホームレス表象への言説レベルでの対抗となっていることがわかった。一方で、そのような対抗的なライフストーリーが、結果的に市民である読者の人々を対抗的公共圏に導き入れる役割も兼ね備えていることが第6章で判明した。というのも、ホームレスの人々のライフストーリーに刻印された社会構造のいびつさや自らも抱える傷つきやすさに気づかせ、さらに深く活動に関わる契機となっていたからである。

第5章の海外の販売者のライフストーリーからは、販売者の傷つきやすさに応答する読者の姿も描かれ、そのような描写によりストリート・ペーパーという場の機能が再帰的に確認され、構築されていることも示唆された。

だが第4章においては、ライフストーリーの限界も明らかになった。ライフストーリーで用いられた「ボイス／アクション」の語り口が読者に届いていなかったためである。「ボイス／アクション」の語り口が読者に届くためには、「就労自立」に代わるマスター・ナラティブやモデル・ストーリーの必要性が示唆された。ライフストーリーの有効性は社会の意識とも密接な関わりをもつ。

そこで第6～第9章では社会の意識の変容を捉えるために、日常的実践に注目した。結果、言説レベルで見られた販売者の傷つきやすさに読者が応答するという相互行為を目撃することでストリート・ペーパーに集う人々の間に社会への信頼の取り戻しが確認できた。

では、このように公共空間でホームレスの人々と市民とが雑誌売買を通じて出会い、ホームレスの人々のライフストーリーから社会構造のいびつさや自らも抱える傷つきやすさに気づき、販売者の傷つきやすさへの「呼びかけ」に「応答」することで、どのように新しい社会構想へと至るのであろうか。

次項では、「近代的主体」についての先行研究を補助線に、そのことについて考えてみたい。

2.2　近代的主体を超えて

岡野（2012: 352）は、主流の政治思想史は「他者からのケアを待つprecariousな身体から発する関係性にいっさいの公的・政治的価値を認めてこなかった」と指摘する。岡野（2012: 47）によると、「リベラルな公的領域において求められる市民たちの義務は、依存関係を排除し、自律的個人からなる一般的な他者の間の関係性を想定している」という。Iris Marion Young（1998: 429）もまた、「国家の公共領域は、個別性、欲望、感情、つまり、それら生の側面の中でも身体に結びついているものを排除することによって、その一般性

を確立する」と指摘する。つまり近代社会は依存や個々人の身体がもつ傷つき
やすさを「忘却」し、1人ひとりが自立した個人であるという近代的主体とい
う虚構のもと成り立ってきた。

だが、たゆみなく自己資本を高める努力を迫られ、そうでなければ自己責任
にされる新自由主義と共振した福祉国家の時代において、そのような主体像は
限界にきているように思える。

ホームレス研究ではこれまで近代的主体から外れる〈他者〉を「抵抗の主
体」や「包摂の客体」として理解しようと努めてきたが、問われるべきはむし
ろいかに社会の方が彼らは〈他者〉ではないと気づき、地続きで課題を捉え、
新たな社会構想、ひいては新たな主体像を構築できるかということなのではな
いだろうか。

〈他者〉と出会い、「忘却」した私たちの身体がもつ傷つきやすさを「思い出
し」、その呼びかけに応じる中で、後期近代を生き延びる新たな主体像や社会
構想が生まれてくるのではないだろうか。それは理由が問われずに他者の傷つ
きやすさに応答できる社会かもしれないし、傷つきやすさから生まれる協働性
に着目したものかもしれない。その先に福祉国家の見知らぬ他者との連帯を代
替・補完するような連帯のあり方を礎とした新たな社会構想があるのではない
だろうか。

ストリート・ペーパーの言説や日常的実践においては、ホームレス状態に
陥っても呼びかけへの応答があり、生き延びることができるのかが問題とされ
ていた。そして、その問いを解くためには〈他者〉とされてきたホームレスの
人々と市民とが出会い、実は同じ傷つきやすさを持ちながらも、構造や仕組み
によって生の不安定性が不平等に配分されていることに気づき、呼びかけに応
答するという日常的実践が普段の生活でなされる中で、私たちの想像力が育ま
れ続ける必要がある。

2.3 〈他者〉との出会いの先にある新たな社会構想

本書ではストリート・ペーパーをフィールドにホームレスの人々と市民との

対抗的公共圏がどのように生成・展開するのかを見てきたわけだが、その対抗性とはどのようなものなのかについて、ここで改めて考えてみたい。

その対抗性とは、ホームレスの人々と雑誌販売を通して出会い、語らい、その苦闘や喜怒哀楽を目の当たりにした市民が自らも傷つきやすさを抱えて生きる存在であると気づくことから始まる。

ホームレスの人々のライフストーリーから、傷つきやすさが不平等に配分されていることに気づくことで承認と再分配の両者を射程に入れた活動が生成される。そしてその傷つきやすさに対する「呼びかけ」と「応答」の実践を日常生活で繰り返すことで活動が展開されていく。

そのような日常生活の中の個人の体験と強く結びついている集合行為が、個人の心性や主体のあり方、行動様式にまでおよんでいる新自由主義的な権力への抵抗には有効となる。

それは一見、効率が悪い回り道のように見える。だが Melucci（1996b）が予見したように、新自由主義的な権力が「分子のように個人の生活に浸透して」いる脱工業化社会において、「これらの集合行為の形態は日常生活のなかの個人の体験と強く結びついているがゆえ、一見するととても弱々しく、社会の構造やその政治的意思決定などには、ほとんど影響を及ぼさないかのように見える。しかし実際は、その見かけの弱さこそ……対抗する最も妥当な方法」（1996a=2008: 211-213）と言える。

そしてホームレス研究と接続してストリート・ペーパーに焦点を当てる意義もそこにあるように思われる。つまりストリート・ペーパーに焦点を当てることで、支援の現場に赴いて「彼らの問題」のために抵抗したり、支援したりするのではなく、日常生活の中で雑誌売買を通じて出会ったホームレスの人々の苦境や喜怒哀楽を目の当たりにすることで同じ傷つきやすさを持つもの同士、どのようにその生の傷つきやすさを不平等に配分している構造をともに変えていけるのかに取り組む対抗的公共圏の生成と展開を考察できるからである。

近代は私たちに依存を忘却させ、一人ひとりが自立した個人であるという虚構のもと社会を成り立たせてきた。そして「自立していない」とされる人々を

終章　〈他者〉と出会い、構想する新たな社会　197

〈他者〉とみなすことで社会が形づくられていた。

　近代の大きな物語が揺らぐ「降格する貧困」の時代に生きる私たちは、第1章の福祉国家の変遷を見る限り「アントレプレナー的主体」を築くことによってさらに個々の資本を高めて生き延びる道を選ぼうとしている。だが、私たちの身体の有限性を忘却した構想は持続可能とは言えないだろう。

　〈他者〉と出会い、「忘却」した私たちの身体が持つ傷つきやすさを「思い出し」、傷つきやすさがさらけ出された〈他者〉からの呼びかけに普段の生活の中で応じる中からしか近代という虚構に気づき、新たな社会を構想する動きは生まれてこないのではないだろうか。

　本書においてはストリート・ペーパーをフィールドにホームレスの人々と市民とがどのようにともに活動を展開しているのかを分析・考察してきた。当事者と出会い、ライフストーリーから社会構造のいびつさと自らの傷つきやすさに気づくことで、新たな社会を構想する芽は見られた。

　だが、ストリート・ペーパーに集う市民は社会の中ではまだ少数派であり、圧倒的多数の人々にとって「ホームレス問題」は依然「彼らの問題」である。そのような状況において、どのように実際に社会の構造のいびつさは正されていくのだろうか。今後海外のストリート・ペーパーの事例なども参照しながら、この点についてもさらに考察を深めていきたい。

あとがき

　本書は、2023年3月に京都大学大学院文学研究科に提出した博士論文「ホームレスの対抗的公共圏の可能性の検討——ストリート・ペーパーを事例として」が基になっている。

　ストリート・ペーパーとの出合いは、2003年のこと。『ビッグイシュー日本版』というホームレスの人々が販売者を務める雑誌が創刊されたと聞き、大阪駅前で早速1冊買い求めたところ、中身がとてもおもしろかった。思わず勢いで、「何でもいいので手伝わせてください」と編集部にメールをしたことからアルバイトをすることになり、数ヶ月すると社員として誌面作りに携わっていた。

　そう言うと、「もともとホームレス問題に興味があったんですか」と聞かれるが、そのような問題があることすらも長らく知らなかった。

　だがホームレスの人々との出会いは、ある日突然訪れた。

　留学していた米国でゴスペル合唱隊に所属しており、クリスマスの日にホームレスの人々の泊まる簡易宿泊所であるシェルターに仲間と歌いに出かけたことが発端だった。

　コンサート後、ともにシェルターの食卓を囲んでいると、隣に座っていた「ホームレス」の人が夢を語り始めた。そのシェルターは、そこで提供する食事の調理をホームレスの人々が担当することで職業訓練を兼ねていた。その男性は「ここで調理を学び、将来はシェフになりたい」と静かに語った。自分の中で作り上げていた「ホームレス」像が崩れ始めた瞬間だった。

　その後学びを終えて日本に帰ってきたものの、何度も就職試験を受けては落ち続ける日々が続いた。どうやったら日本社会の仲間に入れてもらえるのだろうと途方に暮れた。

　そんなときに出合ったのが「ビッグイシュー」であり、販売者を務めるホームレスの人々だった。やっと日本社会で自分がいてもいい場所が見つかった

と、ほっとしたことをいまだによく覚えている。

　その後リーマン・ショックと相前後して日本にも本格的に「降格する貧困」の時代が到来し、「ビッグイシュー」の販売者にも若い人たちが増えた。10年余りストリート・ペーパーでの活動に携わりながら、自分たちの暮らす社会はこれからどうなっていくのだろうか、そんな漠とした問いを抱えるようになった。その問いをじっくりと考えてみたくなり、大学院の門を叩き、今に至る。

　大学院の扉を開き、ここまで導いてくださった松田素二先生、また入学後、社会学のおもしろさを教えてくださり、様々なかたちで助けてくださった落合恵美子先生、丸山里美先生には大変お世話になった。言葉には尽くせない感謝をここに表したい。お三方とともに、博士論文の副査を務めてくださった柴田悠先生にも口頭試問の際に大変貴重なあたたかいコメントをいただき、心から感謝している。

　また、論文を投稿した際の査読や学会・研究会での発表の際のコメント等でも、多くの方々から様々なご助言を頂いた。

　そして、「ビッグイシュー日本」関係者の皆さま、世界のストリート・ペーパーの仲間たちとの出会いとお力添えがなくては本書は誕生しなかった。

　明石書店の神野斉さん、編集実務を担って下さった岩井峰人さんにも大変お世話になった。

　最後に、ここまで幾度となく励ましの言葉で鼓舞してくれた友人たちと家族に、心からの感謝を捧げる。

　謝辞　本研究はJSPS科研費（21J13892, 23K18857）による助成を受けて実施されたものである。また本書の出版にあたってJSPS科研費・2024年度研究成果公開促進費（学術図書）の補助金（課題番号24HP5119）の助成を受けた。記して感謝を申し上げたい。

2024年8月

八鍬 加容子

初出一覧

序　章　　　書き下ろし

第1章　　　「福祉国家の変容とホームレス施策への影響——EU、米国、日本を比較して」『九州産業大学地域共創学会誌』九州産業大学地域共創学部、第12号、pp.25-41、2024。

第2章　　　書き下ろし

第3章　　　書き下ろし

第4章　　　「〈他者化〉に抗する「ボイス／アクション」の語り口の検討——『ビッグイシュー日本版』を事例として」『ソシオロジ』ソシオロジ編集室、第203号、pp.97-114、2022。

第5章　　　「対抗的公共圏におけるライフストーリーの役割の検討——ホームレスの「自立」観をめぐって」『日本オーラル・ヒストリー研究』日本オーラル・ヒストリー学会編集委員会、第17号、pp.135-154、2021。

第6章　　　書き下ろし

第7章　　　「社会的包摂策変容の可能性——『ビッグイシュー』を事例として」『京都社会学年報』京都大学文学部社会学研究室、第27号、pp.69-94、2019。

第8章　　　書き下ろし

第9章　　　書き下ろし

終　章　　　書き下ろし

参考文献

阿部彩，2009，「誰が路上に残ったか」『季刊社会保障研究』45(2): 134-144.

———，2011，『弱者の居場所がない社会』講談社現代新書.

赤坂憲雄，1991，『新編 排除の現象学』筑摩書房.

Allison, Anne, 2013, *Precarious Japan*, Durham: Duke University Press.

網野善彦，1996，『［増補］無縁・公界・楽――日本中世の自由と平和』平凡社.

青木秀男，1989，『寄せ場労働者の生と死』明石書店.

Arendt, Hannah, [1958] 1998, *The Human Condition*, Chicago: University of Chicago Press.（志水速雄訳，[1973] 1994，『人間の条件』筑摩書房.）

———，1968 [1951]，*The Origins of Totalitarianism, Part 3: Totalitarianism*，New York: Harcourt Brace & Company.（大久保和郎・大島かおり訳，1974，『全体主義の起原 3：全体主義』みすず書房.）

有薗真代, 2017，『ハンセン病療養所を生きる――隔離壁を砦に』世界思想社.

BAG-WH (Bundesarbeitsgemeinschaft Wohnungslosenhilfe), 2000, *Statistikbericht 1997-1998*, Bielefeld.

Beck, Ulrich, 1986, *Risikogesellschaft auf dem Weg in eine andere Moderne*, Frankfurt: Suhrkamp.（東廉・伊藤美登里訳，1998，『危険社会――新しい近代への道』法政大学出版局.）

Bell, Daniel, 1973, *The Coming of Post-Industrial Society: A Venture in Social* Forecasting, New York: Basic Books.（内田忠夫ほか訳，1975，『脱工業社会の到来――社会予測の一つの試み』ダイヤモンド社.）

Benhabib, Seyla, 1992, "Models of Public Sphere," in Calhoun, Craig J. eds., *Habermas and The Public Sphere*, Cambridge: MIT Press.（山本啓・新田滋訳，1999，「公共空間のモデル――ハンナ・アレント，自由主義の伝統，ユルゲン・ハーバマス」『ハーバマスと公共圏』未来社.）

Beresford, Peter, 1997, *It's Our Welfare: Report of the Citizens, Commission on the Future of the Welfare State*, London: National Institute for Social Work.

Bhabha, K., Homi, 1994, *The Location of Culture*, New York: Routledge.（本橋哲也・正木恒夫・外岡尚美・阪元留美訳，2005，『文化の場所――ポストコロニアリズムの位相』法政大学出版局.）

ビッグイシュー基金，2010，『若者ホームレス白書』.

———，2015，『ビッグイシュー・インベストに関する訪問調査報告書』.

———，2022a，「ステップハウス」，ビッグイシュー基金ホームページ，（2022 年 12 月 1 日

取得，https://bigissue.or.jp/action/stephouse/）．

―――，2022b，『第 15 期年次報告書』．

―――，2022c，「ホームレス状態からの脱出の難しさ，必要な支援」，ビッグイシュー基金ホームページ，（2022 年 12 月 1 日最終取得，https://bigissue.or.jp/homeless/#section04）．

―――，2022d，「ダイバーシティカップ」，ビッグイシュー基金ホームページ，（2022 年 12 月 1 日最終取得，https://bigissue.or.jp/action/diversity/）．

―――，2022e，「活動内容」，ビッグイシュー基金ホームページ，（2022 年 12 月 1 日最終取得，https://bigissue.or.jp/action/）．

―――，2022f，「ビッグイシュー基金とは」，ビッグイシュー基金ホームページ，（2022 年 12 月 1 日最終取得，https://bigissue.or.jp/about/）．

ビッグイシュー・オンライン，2019，「公共の場所で座る・寝転ぶことを許さない法律は，障害のあるホームレスの存在を考慮していない．シアトルで始まった新たな取り組み」（2022 年 12 月 1 日最終取得，https://bigissue-online.jp/archives/1074287812.html）．

Blumenkranz, Carla, Keith Gessen, Mark Greif, Sarah Leonard, and Sarah Resnick, 2011, *Occupy!: Scenes from Occupied America*．（肥田美佐子訳，2012，『私たちは "99%" だ――ドキュメント ウォール街を占拠せよ』岩波書店．）

Bundesregierung, 2001, *Lebenslagen in Deutschland-Daten und Fakten: Materialband zum ersten Armuts-und Reichtumsbericht der Bundesregierung*.

Butler, Judith, [1990] 1999, *Gender Trouble: Feminism and the Subversion of Identity*, New York: Routledge．（竹村和子訳，1999，『ジェンダー・トラブル――フェミニズムとアイデンティティの撹乱』青土社．）

―――, 1997, "Merely Cultural," *Social Text*, 15:265-77.

―――, 2004, *Precarious Life: the Powers of Mourning and Violence*, New York: Verso．（本橋哲也訳，2007，『生のあやうさ――哀悼と暴力の政治学』以文社．）

―――, 2009, *Frames of war: when is life grievable?*, Verso．（清水晶子訳，2012，『戦争の枠組――生はいつ嘆きうるものであるのか』筑摩書房．）

―――, 2015, *Notes toward a Performative Theory of Assembly*, Cambridge: Harvard University Press．（佐藤嘉幸・清水知子訳，2018，『アセンブリ――行為遂行性・複数性・政治』青土社．）

Castel, Robert, 1995, *Les métamorphoses de la question sociale*: *une chronique du salariat*, Paris: Fayard．（前川真行訳，2012，『社会問題の変容 賃金労働の年代記』ナカニシヤ出版．）

de Certeau, Michel, 1991, "L'etranger," *L'étranger ou l'union dans la difference*. Desclee de Brouwer.

Chang, Kyung-Sup, 2010, *South Korea under Compressed Modernity: Familial Political Economy in Transition*, London: Routledge.

Clasen, Jochan and Daniel Clegg, 2007, "Levels and Levers of Conditionality: Measuring Change within Welfare States," in Investigating Welfare State Change: The "Dependent Variable Problem" in *Comparative Politics*, ed. Jochen Clasen and Nico A. Siegel, Cheltenham: Edward Elgar Publishing Limited, 166-197.

Crisis UK, 2012, *The Homelessness Monitor: Great Britain 2012*, (Retrieved December 1, 2022, https://www.crisis.org.uk/ending-homelessness/homelessness-knowledge-hub/homelessness-monitor/about/the-homelessness-monitor-great-britain-2012).

―――, *The Homelessness Monitor: Great Britain 2022*, (Retrieved December 1, 2022, https://www.crisis.org.uk/ending-homelessness/homelessness-knowledge-hub/homelessness-monitor/about/the-homelessness-monitor-great-britain-2022).

Daly, Mary and Madeleine Leonard, 2002, *Against all Odds: Family Life on a Low Income in Ireland, Dublin*: Institute of Public Administration.

Dawson, Don, and Maureen Harrington, 1996, "For the most part, it's not fun and games." Homelessness and recreation, *Loisir Et Société/Leisure and Society*, 19(2): 415-435.

DW, 2019, *Homelessness in Germany on the rise*, (Retrieved December 1, 2022, https://www.dw.com/en/homelessness-in-germany-on-the-rise/a-51195787).

Dwyer, Peter, 2004, "Creeping Conditionality in the UK: From Welfare Rights to Conditional Entitlements?," *The Canadian Journal of Sociology*, 29 (2) :265-287.

Esping-Andersen, Gøsta, 1999, *Social Foundations of Postindustrial Economies*, Oxford: Oxford University Press.（渡辺雅男・渡辺景子訳，2000，『ポスト工業経済の社会的基礎――市場・福祉国家・家族の政治経済学』桜井書店。）

―――, 2009, *The incomplete revolution: adapting to women's new roles*, London: Polity.（大沢真理監修・翻訳，2011，『平等と効率の福祉革命――新しい女性の役割』岩波書店.）

European Commission, 2021, *Employment, Social Affairs & Inclusion—Homelessness*, (Retrieved December 1, 2022, https://ec.europa.eu/social/main.jsp?catId=1061&langId=en).

Feantsa, 2017, *Homelessness in Germany*, (Retrieved December 1, 2022, https://www.feantsa.org/download/germany-20174561023180755814062.pdf).

Fineman, Martha Albertson, 2004, *The Autonomy Myth: A Theory of Dependency*, New York: New Press.（穐田信子・速水葉子訳，2009，『ケアの絆――自律神話を超えて』，岩波書店.）

Fraser, Nancy, 1989, *Unruly Practices: Power, Discorse, and Gender in Contemporary Social Theory*, Cambridge: Polity Press.

―――, 1992, "Rethinking the Public Sphere: A Contribution to the Critique of Actually

Existing Democracy," in Calhoun, Craig J. eds., *Habermas and The Public Sphere*, Cambridge, MIT Press. (山本啓・新田滋訳, 1999,「公共圏の再考——既存の民主主義の批判のために」『ハーバマスと公共圏』未来社.)

―――, 1997a, "Heterosexism, Misrecognition and Capitalism: A Response to Judith Butler," *Social Text*, 15: 279-89.

―――, 1997b, *Justice Interruptus, London*: Routledge. (仲正昌樹訳, 2003,『中断された正義』御茶の水書房.)

―――, 2017a,「資本主義, 危機, 批判を再考する」『思想』岩波書店, 6: 71-86.

―――, 2017b, From Progressive Neoliberalism to Trump—And Beyond, *American Affairs*, 1(4). (小森（井上）達郎訳, 2021,「進歩的新自由主義からトランプへ——そしてそれを越えて」マーティン・ジェイ・日暮雅夫共編『アメリカ批判理論——新自由主義への応答』晃洋書房, 24-47.)

――― and A. Honneth, 2003, *Redistribution or Recognition? A Political-Philosophical Exchange*, New York: Verso. (加藤泰史監訳, 2012,『再配分か承認か？——政治・哲学論争』法政大学出版局.)

Garland, David, 2016, *The Welfare State: A Very Short Introduction*, Oxford: Oxford University Press. (小田透訳, 2021,『福祉国家——救貧法の時代からポスト工業社会へ』白水社.)

Giddens, Anthony, 1992, *The Transformation of Intimacy: Sexuality, Love, and Eroticism in Modern Societies*, Redwood City: Stanford University Press. (松尾精文・松川昭子訳, 1995,『親密性の変容』而立書房.)

―――, 1998, *The Third Way: the Renewal of Social Democracy*, Cambridge: Polity Press. (佐和隆光訳, 1999,『第三の道——効率と公正の新たな同盟』日本経済新聞社.)

―――, 2003, "Introduction: The progressive agenda," in Matthew Browne, Paul Thompson and Francesca Sainsbury eds., *The Progressive Manifesto: New Ideas for the Centre-Left*, Cambridge: Polity.

Gilligan, Carol, 1982, *In a Different Voice: Psychological Theory and Women's Development*, Cambridge: Harvard University Press. (岩男寿美子監訳, 生田久美子・並木美智子訳, 1986,『もうひとつの声——男女の道徳観のちがいと女性のアイデンティティ』川島書店.)

Goodin, Robert E., 1985, *Protecting the Vulnerable: A Reanalysis of Our Social Responsibilities*, Chicago: The University of Chicago Press.

後藤広史, 2013,『ホームレス状態からの「脱却」に向けた支援——人間関係・自尊感情・「場」の保障』明石書店.

―――, 2018,「『ホームレス問題』の多様性——『広義のホームレス』の実態と福祉制度」

丸山里美編『貧困問題の新地平——もやいの相談活動の軌跡』旬報社，53-71.

———，2022，「誰がホームレス状態から『自立』しているのか？——ホームレス自立支援センターの3年間の支援記録の分析から」『貧困研究』Vol. 28: 66-77.

Habermas, Jürgen, [1962] 1990, *Strukturwandel der Öffentlichkeit: Untersuchungen zu einer Kategorie der bürgerlichen Gesellschaft*, Berlin: Suhrkamp.（細谷貞雄・山田正行訳，[1973] 1994，『公共性の構造転換——市民社会の一カテゴリーについての探究』第2版，未来社.）

Haffpost, 2016，「日本の貧困は『降格する貧困』に近づいている．セルジュ・ボーガム『貧困の基本形態』講演から」，（2019年12月1日取得，https://www.huffingtonpost.jp/hiroki-mochizuki/japan-deprivation_b_12614230.html）．

濵田江里子，2014，「21世紀における福祉国家のあり方と社会政策の役割——社会的投資アプローチの検討を通じて」『上智法学論集』58(1): 137-158.

———・金成垣，2018，「社会的投資戦略の総合評価」三浦まり編『社会への投資——〈個人〉を支える〈つながり〉を築く』岩波書店，3-30.

Harmon, Justin, 2019, *The right to exist: homelessness and the paradox of leisure*, Leisure Studies, 31-41.

Harvey, David, 1973, *Social Justice and the City*, Maryland: Johns Hopkins University Press.（竹内啓一・松本正美訳，1980，『都市と社会的不平等』日本ブリタニカ.）

———，2005, *A Brief History of Neoliberalism*, Oxford: Oxford University Press.（渡辺治監訳，2007，『新自由主義——その歴史的展開と現在』作品社.）

Hasegawa, Miki, 2006, *"We Are Not Garbage!": The Homeless Movement in Tokyo*, 1994-2002, New York: Routledge.

橋本圭子，2016，「アメリカにおける反ホームレス法の憲法適合性（1）」『広島法学』39 (4), 77-93.

林真人，2014，『ホームレスと都市空間——収奪と異化，社会運動，資本-国家』明石書店.

Heinz, Teresa L., 2004, "Street Newspapers". In David Levinson (ed.), *Encyclopedia of Homelessness*. Thousand Oaks: SAGE Publications, 534-9.

Henssler, Ortwin, 1954, *Formen des Asylrechts und ihre Verbreitung bei den Germanen*, Frankfurt am Main: Klostermann.（舟木徹男訳，2010，『アジール——その歴史と諸形態』国書刊行会.）

Hibbert, A., Sally, Gillia Hogg and Theresa Quinn, 2002, Consumer response to social entrepreneurship: the case of the Big Issue in Scotland, *International Journal of Nonprofit and Voluntary Sector Marketing*, 7(3): 288-301.

———，2005, Social entrepreneurship: understanding consumer motives for buying The Big Issue, *Journal of Consumer Behaviour*, 4(3): 159-172.

稗田和博，2007，『ビッグイシュー 突破する人びと──社会的企業としての挑戦』大月書店．

────，2017，「『ホームレスワールドカップ』による社会的包摂」『龍谷大学大学院政策学研究』龍谷大学大学院政策学研究編集委員会．

Higginbotham, Elizabeth Brooks, 1993, *Rightous Discontent: The Women's Movement in the Black Baptist Church, 1880-1920*, Cambridge: Harvard University Press.

平川茂，2003，「第Ⅴ編　アメリカ　第1章　ホームレス生活者の歴史と現在」小玉徹・中村健吾・都留民子・平川茂編著『欧米のホームレス問題（上）──実態と政策』法律文化社，309-35.

────，2004，「『路上の権利』と『見守りの支援』──野宿生活者中の〈逃避〉タイプのニーズ（必要）をめぐって」『市大社会学』5: 53-67.

平野寛弥，2022，「福祉給付に付帯する『条件』の変容と強化──イギリスの事例から」『貧困研究』28: 4-13.

蛭間芳樹，2014，『ホームレス・ワールドカップ日本代表のあきらめない力』PHP 出版．

Hodgetts, Darrin, Ottilie Stolte, 2015, *Homeless people's leisure practices within and beyond urban socio-scapes*, Urban Studies.

Homeless World Cup, 2022, "Our Approach," *Homeless World Cup*, (Retrieved December 1, 2022, https://www.homelessworldcup.org/our-approach).

Horst, Cindy, Marta Bivand Erdal and Noor Jdid, 2020, "The "good citizen": Asserting and contesting norms of participation and belonging in Oslo," *Ethnic and Racial Studies*, 43: 76-95.

Howley, Kevin, 2003, "A Poverty of Voices: Street Papers as Communicative Democracy," *Journalism* 4 (3): 273-292.

HUD, 2010, *The 2010 Annual Homeless Assessment Report to Congress*, (Retrieved December 1, 2022, https://www.huduser.gov/portal/sites/default/files/pdf/2010HomelessAssessmentReport.pdf).

────, 2015, *The 2015 Annual Homeless Assessment Report to Congress*, (Retrieved December 1, 2022, https://www.huduser.gov/portal/sites/default/files/pdf/2015-AHAR-Part-1.pdf).

────, 2020, *The 2020 Annual Homeless Assessment Report to Congress*, (Retrieved December 1, 2022, https://www.huduser.gov/portal/sites/default/files/pdf/2020-AHAR-Part-1.pdf).

ICH, 1999, *Homelessness: Programs and the People They Serve*, Washington D.C. : The Urban Institute.

Ignatieff, Michael, 1984, *The Needs of Strangers*, London: Chatto & Windus.（添谷育志・金田耕一訳，1999，『ニーズ・オブ・ストレンジャーズ』風行社．）

飯野由里子・星加良司・西倉実季, 2022, 『「社会」を扱う新たなモード——「障害の社会モデル」の使い方』生活書院.

INED, 2015, *The Homeless in France*, (Retrieved December 1, 2022, https://www.ined.fr/en/everything_about_population/demographic-facts-sheets/focus-on/the-homeless-in-france/).

糸数温子, 2019, 「現地調査報告 ホームレスワールドカップ 2019 カーディフ現地調査報告：社会を変えるためにランドマークでフットボール大会を開く」『一橋大学スポーツ研究』38: 97-105.

岩田正美, 1997, 「路上の人々——新宿 1995 〜 96 年」『人文学報』13: 73-99.

———, 2000, 『ホームレス／現代社会／福祉国家——「生きていく場所」をめぐって』明石書店.

———, 2008, 『社会的排除——参加の欠如・不確かな帰属』有斐閣.

Jarrett, L. Robin, 1994, "Living Poor: Family Life among Single Parent, African- American Women," *Social Problems*, 41(1): 30-49.

Johnson-Dias, Janice and Steven Maynard-Moody, 2007, "For-Profit Welfare: Contracts, Conflicts, and the Performance Paradox," *Journal of Public Administration Research and Theory*, 17(2): 189-211.

Jordan, Bill, 1998, *The New Politics of Welfare: Social Justice in a Global Context*, Thousand Oaks: Sage Publication.

Kalleberg, Arne L., 2009, "Precarious Work, Insecure Workers: Employment Relatinos in Transition," *American Sociological Review*, 74:1-22.

加美嘉史, 2006, 「京都市のホームレス自立支援事業と就労支援の課題」『Shelter-less』(28): 62-73.

堅田香緒里, 2012, 「社会保障・社会福祉における排除と包摂——『援助に値するもの』と『援助に値しない者』の選別」山森亮編『労働再審 6』大月書店.

———, 2017, 「対貧困政策の新自由主義的再編——再生産領域における『自立支援』の諸相」『経済社会とジェンダー』日本フェミニスト経済学会誌, 2: 19-30.

———, 2021, 「『自立支援』の現在（1）——特集にあたって」『大原社会問題研究所雑誌』法政大学大原社会問題研究所, 753: 1-3.

Kerr, Daniel, 2003, "We Know What the Problem Is: Using Oral History to Develop a Collaborative Analysis of Homelessness from the Bottom Up," *The Oral History Review*, 30(1): 27-45.

北川由紀彦, 2019, 「日本のホームレス研究は何を明らかにしてきたのか——その動向と論点」『理論と動態』, 13-33.

Kittay, Eva Feder, 1999, *Love's Labor: Essays on Women, Equality and Dependency*, New

York: Routledge.（岡野八代・牟田和恵訳，2010，『愛の労働——あるいは依存とケアの正義論』白澤社.）

Klitzing, Sandra, W., 2003, Coping with chronic stress: Leisure and women who are homeless. *Leisure Sciences*, 25(2-3): 163-181.

———, 2004a, Women living in a homeless shelter: Stress, coping and leisure. *Journal of Leisure Research*, 36(4): 483-512.

———, 2004b, Women who are homeless: Leisure and affiliation. Therapeutic Recreation Journal, 38(4), 348–365.

Knestaut, Melissa, Devine Mary, A., and Barbara Verlezza, 2010, "It gives me purpose": The use of dance with people experiencing homelessness. *Therapeutic Recreation Journal*, 44(4): 289-301.

小玉徹，2003，「第Ⅱ編，第1章　ホームレス生活者支援策への変遷」小玉徹・中村健吾・都留民子・平川茂編著『欧米のホームレス問題（上）——実態と政策』法律文化社，37-57.

厚生労働省，2003，「ホームレスの実態に関する全国調査報告書の概要」，厚生労働省ホームページ，（2022年12月1日取得，https://www.mhlw.go.jp/houdou/2003/03/h0326-5.html#mokuji）.

———，2007，「ホームレスの実態に関する全国調査報告書の概要」，厚生労働省ホームページ，（2022年12月1日取得，https://www.mhlw.go.jp/houdou/2007/04/h0406-5.html）.

———，2015，「ホームレスの実態に関する全国調査（生活実態調査）の結果（概要版）」，厚生労働省ホームページ，（2022年12月1日取得，https://www.mhlw.go.jp/file/04-Houdouhappyou-12003000-Shakaiengokyoku-Shakai-Chiikifukushika/01_homeless28_kekkagaiyou.pdf）.

———，2017，「ホームレスの実態に関する全国調査（生活実態調査）の結果（概要版）」，厚生労働省ホームページ，（2022年12月1日取得，https://www.mhlw.go.jp/file/04-Houdouhappyou-12003000-Shakaiengokyoku-Shakai-Chiikifukushika/01_homeless28_kekkagaiyou.pdf）.

———，2021，「『非正規雇用』の現状と課題」，厚生労働省ホームページ，（2022年12月1日取得，https://www.mhlw.go.jp/content/000830221.pdf）.

———，2022，「ホームレスの実態に関する全国調査（概数調査）結果について」（2022年12月1日取得，https://www.mhlw.go.jp/stf/newpage_25326.html）.

厚生労働省職業安定局，2007，『住居喪失不安定就労者等の実態に関する調査報告書』.

Kristeva, Julia, 1991, *Strangers to Ourselves*, New York: Columbia University Press.

Krumer-Nevo, Michal and Benjamin Orly, 2010, "Critical Poverty Knowledge: Contesting Othering and Social Distancing," *Current Sociology*, 58(5): 693-714.

Landes, Joan, 1988, *Women and the Public Sphere in the Age of French Revolution*, Ithaca: Cornel University Press.

Lenoir, René, 1974, *Les exclus: un français sur dix*, third ed., Paris: Seuil.

Liebow, Elliot, 1993, *Tell Them Who I Am: The Lives of Homeless Women*, The Free Press. (吉川徹・轟里香訳, 1999, 『ホームレスウーマン——知ってますか, わたしたちのこと』東信堂.)

Lister, Ruth, 2000, "Strategies for Social Inclusion: Promoting Social Cohesion or Social Justice?", P. Askonas and A. Stewart eds., *Social Inclusion: Possibilities and Tensions*, London: Macmillan.

————, 2004, *Poverty*, Polity Press. (松本伊智朗監訳・立木勝訳, 2011, 『貧困とはなにか——概念・言説・ポリティクス』明石書店.)

Loprest, Pamela, Stefanie Schmidt, and Ann Dryden Witte, 2000, "Welfare Reform under PRWORA: Aid to Children with Working Families," in *Tax Policy and the Economy*, 14: 157-203.

Lødemel, Ivar and Heather Trickey, eds., 2000, *'An Offer You Can't Refuse'* —— *Workfare in International Perspective*, London: The Policy Press.

Magee, Jonathan and Ruth Jeanes, 2011, Football's coming home: A critical evaluation of the Homeless World Cup as an intervention to combat social exclusion, *International Review for the Sociology of Sport*, 48(1): 3-19.

マール, マシュー, 2005, 「社会関係資本としての自立支援システムの利用者と職員の関係——東京都自立支援システムの元利用者の経験から見た職員との関係」『Shelter-less』(26): 51-81.

Marpsat, Maryse et Jean-Marie Firdion, (dir.), 2000, *La rue et le foyer*, Paris: PUF.

丸山里美, 2013, 『女性ホームレスとして生きる——貧困と排除の社会学』世界思想社.

松田素二, 1999, 『抵抗する都市——ナイロビ 移民の世界から』岩波書店.

————, 2004, 「変異する共同体——創発的連帯論を超えて」『文化人類学』69(2): 247-70.

Mead, Rawrence, 1986, Beyond Entitlement: *The Social Obligations of Citizenship*, Washington D.C.: Free Press.

Melucci Alberto, 1996a, *The Playing Self: Person and Meaning in the Planetary Society*, New York: Cambridge University Press. (新原道信・長谷川啓介・鈴木鉄忠訳, 2008, 『プレイング・セルフ——惑星社会における人間と意味』ハーベスト社.)

————, 1996b, *Challenging Codes: Collective Action in the Information Age*, Cambridge: Cambridge University Press.

Milburn, Keir, 2019, *Generation Left*, London: Polity. (斎藤幸平・岩橋誠・萩田翔太郎訳, 2021, 『ジェネレーション・レフト』Zブックス.)

Miller, Peter and Nikolas Rose, 2008, *Governing the Present*, London: Polity.

三浦まり・濵田江里子，2012，「能力開発国家への道」『上智法学論集』56(2-3): 1-35.

―――・宮本太郎・大沢真理，2018，「『社会への投資』に向けた総合戦略」三浦まり編『社会への投資――〈個人〉を支える〈つながり〉を築く』岩波書店，277-295.

宮本太郎，2013，『社会的包摂の政治学――自立と承認をめぐる政治対抗』ミネルヴァ書房.

水内俊雄，2006，「野宿生活者は隠蔽されていたホームレス状況を都市空間で解放した？」『現代思想』34(9): 86-100.

―――，2007，「もう一つの全国ホームレス調査――厚労省調査を補完する」『Shelter-less』(32):83-122.

森田洋司編著，2001，『落層――野宿に生きる』日本経済新聞出版社.

Mounk, Yascha, 2017, *The Age of Responsibility: Luck, Choice, and the Welfare State*, Cambridge: Harvard University Press.（那須耕介・栗村亜寿香訳，2019，『自己責任の時代――その先に構想する，支えあう福祉国家』みすず書房.）

村上英吾，2005，「東京都の自立支援センターにおける就職活動」『Shelter-less』(26): 82-122.

Murray, Charles, 1984, *Losing Ground: American Social Policy, 1950–1980*, New York: Basic Books.

―――, 1990, *The Emerging British Underclass*, London: Institute of Economic Affairs.

中村健吾，2003a，「序」小玉徹・中村健吾・都留民子・平川茂編著『欧米のホームレス問題（上）――実態と政策』法律文化社，iii-iv.

―――，2003b，「第Ⅰ編　EU　第2章　社会的排除」小玉徹・中村健吾・都留民子・平川茂編著『欧米のホームレス問題（上）――実態と政策』法律文化社，11-17.

―――，2003c，「第Ⅱ編　イギリス　第2章　ホームレス生活者の現状とその支援制度」小玉徹・中村健吾・都留民子・平川茂編著『欧米のホームレス問題（上）――実態と政策』法律文化社，58-88.

―――，2003d，「第Ⅲ編　ドイツ　第3章　ホームレス生活者の現状」小玉徹・中村健吾・都留民子・平川茂編著『欧米のホームレス問題（上）――実態と政策』法律文化社，148-56.

中根光敏，1999，「排除と抵抗の現代社会論――寄せ場と『ホームレス』の社会学にむけて」青木秀男編著『場所をあけろ！――寄せ場／ホームレスの社会学』松籟社，75-98.

―――，2001，「寄せ場／野宿者を記述すること」『解放社会学研究』15:3-25.

中山徹，2002，「イギリスにおけるホームレス問題と『野宿者』（Rough Sleeper）対策」『経済学雑誌（大阪市立大学）』102(3・4): 27-28.

National Coalition for the Homeless, 2022, *Homelessness in America*, (Retrieved December 1, 2022, https://nationalhomeless.org/about-homelessness).

Neilson, Brett and Ned Rossiter, 2008, *Precarity as a Political Concept or Fordism as*

Exception, Theory Culture Society, 25: 51.

仁平典宏，2005，「ボランティア活動とネオリベラリズムの共振問題を再考する」『社会学評論』56(2): 485-499.

————，2013，藤村正之編『協働性の福祉社会学——個人化社会の連帯』東京大学出版会.

新原道信，2016，「A. メルッチの"未発の社会運動"論をめぐって——3・11 以降の惑星社会の諸問題への社会学的探求（3）」『紀要社会学・社会情報学』26，113-130.

西澤晃彦，2010，『貧者の領域』河出書房新書.

落合恵美子，2018，「つまずきの石としての一九八〇年代」『創発する日本へ——ポスト「失われた 20 年」のデッサン』弘文社.

————，2019，『21 世紀家族へ——家族の戦後体制の見かた・超えかた』第 4 版，有斐閣選書.

O'Connor, Alice, 2001, *Poverty Knowledge: Social Science, Social Policy and the Poor in Twentieth Century US History,* Princeton: Princeton University Press.

OECD, 1990, Labour Market Policies for the 1990s.

————, 2015, *Integrating Social Service for Vulnerable Groups: Bridging Sectors for Better Service Delivery,* OECD Publishing.

————, 2020, *Policy Brief on Affordable Housing——Better data and policies to fight homelessness in the OECD,* (Retrieved December 1, 2022, https://www.oecd.org/social/soc/homelessness-policy-brief-2020.pdf).

————, 2021, *Homeless Population,* (Retrieved December 1, 2022, https://www.oecd.org/els/family/HC3-1-Homeless-population.pdf).

岡部茜，2021，「若者を食べ吐きする『若者自立支援政策』」『大原社会問題研究所雑誌』法政大学大原社会問題研究所，753: 4-17.

岡田千あき，2016，「貧困とスポーツ——ホームレスワールドカップが発信する物語」『大阪大学大学院人間科学研究科紀要』42: 141-161.

岡野八代，2012，『フェミニズムの政治学——ケアの倫理をグローバル社会へ』みすず書房.

奥田知志・稲月正・垣田裕介・堤圭史郎，2014，『生活困窮者への伴走型支援——経済的困窮と社会的孤立に対応するトータルサポート』明石書店.

大阪市，2022，「ホームレス自立支援センターの概要」，（2022 年 12 月 1 日取得，https://www.pref.osaka.lg.jp/attach/30611/00263180/shiryou6.pdf）.

大阪市立大学創造都市研究科・釜ヶ崎支援機構，2008，『若年不安定就労・不安定住居者聞き取り調査』.

大阪市立大学社会学教室，1996，『都市問題に関する市民アンケート調査』.

大阪市立大学都市環境問題研究会，2001，『野宿生活者（ホームレス）に関する総合的調査研究報告書』.

Paugam, Serge, 2005, *Les formes élémentaires de la pauvreté*, Paris: Le Lien Sociale.（川野英二・中條健志訳, 2016, 『貧困の基本形態——社会的紐帯の社会学』新泉社.）

Peck, Jamie, 2001, *Workfare States*, New York: The Guilford Press.

Plummer, Ken, 1995, *Telling Sexual Stories: Power, Change, and Social Worlds*, London: Routledge.（桜井厚・好井裕明・小林多寿子訳, 1998, 『セクシュアル・ストーリーの時代——語りのポリティクス』新曜社.）

Rose, Nikolas, 1996, "The death of the social? Re-figuring the territory of government," *Economy and Society*, 25: 327-356.

―――, 1999, "Community, Citizenship, and the Third Way," in Meledith, D. and Minson, J., eds., *Citizenship and Cultural Policy*, Thousand Oaks: Sage.

Rosenthal, Gabriele and Wolfram Fischer-Rosenthal, 2004, "The Analysis of Biographical-Narrative Interviews," *A Companion to Qualitative Research*, London: Sage, 259-65.

齋藤純一, 2000, 『公共性』岩波書店.

―――, 2005, 「都市空間の再編と公共性——分断／隔離に抗して」『都市の再生を考える（1）』岩波書店, 129-154.

桜井厚, 2002, 『インタビューの社会学——ライフストーリーの聞き方』せりか書房.

桜井啓太, 2017, 『〈自立支援〉の社会保障を問う——生活保護・最低賃金・ワーキングプア』法律文化社.

―――, 2020, 「生活保護における「三つの自立論」の批判的検討」『社会政策』11(3): 91-101.

―――, 2021, 「生活保護における自立支援と統治：インセンティブ, コンディショナリティ, 産福複合体（貧困−産業複合体）」『大原社会問題研究所雑誌』法政大学大原社会問題研究所, 753: 31-47.

佐野章二, 2010, 『ビッグイシューの挑戦』講談社.

佐藤嘉幸, 2009, 『新自由主義と権力——フーコーから現在性の哲学へ』人文書院.

関水徹平, 2021, 「社会政策パラダイムの変化とひきこもり支援施策・当事者運動」『大原社会問題研究所雑誌』法政大学大原社会問題研究所, 757: 1-13.

Sennett, Richard, 1990, *The Conscience of The Eye: The Design and Social Life of Cities*, New York: W. W. Norton & Company.

Sherry, Emma, 2010, (Re)engaging marginalized groups through sport: The Homeless World Cup, *International Review for the Sociology of Sport*, 45(1): 59-71.

渋谷望, 2011, 「アントレプレナーと被災者——ネオリベラリズムの権力と心理学的主体」『社会学評論』61(4).

―――, 2017, 「ネオリベラリズムとアントレプレナー化する女性——ポストフェミニズム時代における連帯の困難」『経済社会とジェンダー』2.

島和博，1997，「市民による野宿者『問題』の認知とその『解決』」『犯罪社会学研究』(22): 28-50.

―――，1999，『現代日本の野宿生活者』学文社.

篠原雅武，2007，『公的空間の政治理論』人文書院.

徐阿貴，2012，『在日朝鮮人女性による「下位の対抗的な公共圏」の形成――大阪の夜間中学を核とした運動』御茶の水書房.

総務省統計局，2020，『令和 2 年国勢調査』.

Spivak, Gayatri Chakravorty, 1988, "Can the Subaltern Speaks?" in *Marxism and the Interpretation of Culture*, eds., S. Nelson and L. Grossberg. （上村忠男訳，1998，『サバルタンは語ることができるか』みすず書房.）

Stoléru, Lionel, 1974, *Vaincre la pauvreté dans les pays riches*, Paris: Flammarion.（益戸欽也ほか訳，1981，『富める国の貧困――社会的公正とは何か』サイマル出版.）

鈴木宗徳編著，2015，『個人化するリスクと社会――ベック理論と現代日本』勁草書房.

Swithinbank, Tessa, 2001, *Coming up from the streets The story of The Big Issue*, Earthscan.

高谷幸，2009，「脱国民化された対抗的公共圏の基盤――非正規滞在移住労働者支援労働組合を事例として」『社会学評論』60(1): 124-140.

武川正吾，1996，「社会福祉と社会政策」『社会構想の社会学』岩波書店.

Torck, Danièle, 2001, 'Voices of the Homeless People in Street Newspapers: A Cross Cultural Exploration,' *Discourse & Society*, 12(3): 371-92.

都市生活研究会，2000，『平成 11 年度路上生活者実態調査』.

東京都福祉保健局，2017，『住居喪失不安定就労者等の実態に関する調査報告書』.

Trussell, Dawn. E., and Heather Mair, 2010, Seeking judgment free spaces: Poverty, leisure, and social inclusion. *Journal of Leisure Research*, 42(4): 513-533.

都留民子，2003，「第Ⅳ編　フランス　第 1 章　ホームレス生活者支援策の歴史と現状」小玉徹・中村健吾・都留民子・平川茂編著『欧米のホームレス問題（上）――実態と政策』法律文化社，207-223.

堤圭史郎，2010，「序章――ホームレス・スタディーズへの招待」『ホームレス・スタディーズ――排除と包摂のリアリティ』ミネルヴァ書房，1-29.

U.K. Government, 2018, *Statutory homelessness*, (Retrieved December 1, 2022, https://www.ethnicity-facts-figures.service.gov.uk/housing/homelessness/statutory-homelessness/latest).

―――, 2022, *Rough sleeping snapshot in England: autumn 2021*, (Retrieved December 1, 2022, https://www.gov.uk/government/statistics/rough-sleeping-snapshot-in-england-autumn-2021/rough-sleeping-snapshot-in-england-autumn-2021).

U.S. department of Health and Human Services, 2021, *Temporary Assistance for Needy Families* (TANF), (Retrieved December 1, 2022, https://www.acf.hhs.gov/ofa/programs/tanf).

Watson, Sophie, 1999, A home is where the heart is: engendering notions of homelessness in Kennet, P. and Marsh, A., eds, *Homelessness Exploring the new terrain*, London: Polity Press.

Williams, Alex and Nick Srnicek, 2016, *Investing the Future: Postcapitalism and a World without Work*, London: Verso.

Wilson William, J., 1987, *The Truly Disadvantaged: The Inner City, the Underclass and Public Policy*, Chicago: The University of Chicago Press.（青木秀男監訳，1999，『アメリカのアンダークラス』明石書店.）

―――, 1996, *When Work Disappears: The World of the New Urban Poor*, New York: Alfred A. Knopf.（川島正樹・竹本友子訳，1999，『アメリカ大都市の貧困と差別』明石書店.）

八鍬加容子，2019，「社会的包摂策変容の可能性――『ビッグイシュー』を事例として」『京都社会学年報』(27): 69-94.

山田壮志郎，2003，「ホームレス対策の３つのアプローチ――『就労自立アプローチ』への傾斜とその限界性」『社会福祉学』44(2): 24-33.

―――，2009，『ホームレス支援における就労と福祉』明石書店.

山口恵子，1998，「新宿における野宿者の生きぬき戦略――野宿者間の社会関係を中心に」『日本都市社会学会年報』16: 119-34.

山北輝裕，2014，『路の上の仲間たち――野宿者支援・運動の社会誌』ハーベスト社.

Young, Iris Marion, 1998, "Impartiality and the Civic Public," in ed. By Joan Landes, *Feminism: the Public & the Private*, Oxford: Oxford University Press.

―――, 2000, *Inclusion and Democracy*, Oxford: Oxford University Press.

Young, Jock, 1999, *The Exclusive Society: Social Exclusion, Crime and Difference in Late Modernity*, Thousand Oaks: Sage.（青木秀男・伊藤泰郎・岸政彦・村澤真保呂訳，2007，『排除型社会――後期近代における犯罪・雇用・差異』洛北出版.）

湯浅誠，2008，『反貧困――「すべり台社会」からの脱出』岩波新書.

―――・仁平典宏，2007，「若年ホームレス――『意欲の貧困』が提起する問い」本田由紀編『若者の労働と生活世界――彼らはどんな現実を生きているか』大月書店.

有限会社ビッグイシュー日本，2024，「ビッグイシュー日本とは」「媒体資料」，（2024 年 7 月31 日取得，https://www.bigissue.jp/about/）.

著者紹介
八鍬加容子（やくわ かよこ）
『ビッグイシュー日本版』編集部を経て、京都大学大学院文学研究科博士後期課程修了。博士（文学）。
専攻は社会学。現在、九州産業大学地域共創学部講師。

「ビッグイシュー」の社会学
── ホームレスの対抗的公共圏をめぐって

2024 年 10 月 10 日　初版第 1 刷発行		

著　者	八　鍬　加容子
発行者	大　江　道　雅
発行所	株式会社 明石書店

〒 101-0021 東京都千代田区外神田 6-9-5
電　話　03（5818）1171
FAX　03（5818）1174
振　替　00100-7-24505
https://www.akashi.co.jp

装　　丁	金　子　裕
印　　刷	株式会社文化カラー印刷
製　　本	本間製本株式会社

（定価はカバーに表示してあります）　　ISBN978-4-7503-5831-4

JCOPY 〈出版者著作権管理機構 委託出版物〉
本書の無断複製は著作権法上での例外を除き禁じられています。複製される場合は、そのつど事前に、出版者著作権管理機構（電話 03-5244-5088、FAX 03-5244-5089、e-mail: info@jcopy.or.jp）の許諾を得てください。

ホームレスと都市空間 収奪と異化、社会運動、資本・国家
林真人著 ◎4800円

ホームレス状態からの「脱却」に向けた支援 人間関係・自尊感情・「場」の保障
後藤広史著 ◎3800円

ホームレス支援における就労と福祉
山田壮志郎著 ◎4800円

無料低額宿泊所の研究 貧困ビジネスから社会福祉事業へ
山田壮志郎著 ◎4600円

ホームレス／現代社会／福祉国家 「生きていく場所」をめぐって
明石ライブラリー ⑲ 岩田正美著 ◎3500円

エンパワメントの視点に基づく路上生活者支援 多様な自立のあり方に応じたソーシャルワークへの転換
櫻井真一著 ◎4200円

アンダークラス化する若者たち 生活保障をどう立て直すか
宮本みち子、佐藤洋作、宮本太郎編著 ◎2300円

貧困と排除に立ち向かうアクションリサーチ 韓国・日本・台湾・香港の経験を研究につなぐ
全泓奎著 ◎2800円

差別と資本主義 レイシズム・キャンセルカルチャー・ジェンダー不平等
トマ・ピケティほか著 尾上修悟、伊東未来、眞下弘子、北垣徹訳 ◎2700円

不平等と再分配の経済学 格差縮小に向けた財政政策
トマ・ピケティ著 尾上修悟訳 ◎2400円

高齢者の社会的孤立と地域福祉 計量的アプローチによる測定・評価・予防策
斉藤雅茂著 ◎3600円

国連大学 包括的「富」報告書 自然資本・人工資本・人的資本の国際比較
国連大学地球環境変化の人間・社会的側面に関する国際研究計画／国連環境計画編 植田和弘、山口臨太郎訳 武内和彦監修 ◎8800円

明石ライブラリー ⑦

アメリカ大都市の貧困と差別 仕事がなくなるとき
ウィリアム・J・ウィルソン著 川島正樹、竹本友子訳 ◎4800円

貧困克服への挑戦 構想 グラミン日本 グラミン・アメリカの実践から学ぶ先進国型マイクロファイナンス
菅正広著 ◎2400円

韓国の居住と貧困 スラム地区パンジャチョンの歴史
金秀顕著 全泓奎監訳 川本綾、松下茉那訳 ◎4000円

世界ホームレス百科事典
デーヴィッド・レヴィンソン編集代表 駒井洋監修 田巻松雄監訳 ◎38000円

〈価格は本体価格です〉

Q&A 生活保護利用ガイド
健康で文化的に生き抜くために
山田壮志郎編著
◎1600円

間違いだらけの生活保護バッシング
Q&Aでわかる生活保護の誤解と利用者の実像
生活保護問題対策全国会議編
◎1000円

間違いだらけの生活保護「改革」
Q&Aでわかる基準引き下げと法「改正」の問題点
生活保護問題対策全国会議編
◎1200円

生活保護 行政運用・判例・裁決データ集成
資産・各扶助・収入認定を中心に
吉永純編著
◎5400円

生活保護と外国人
「準用措置」「本国主義」の歴史とその限界
大澤優真著
◎4500円

入門 貧困論
ささえあう／たすけあう社会をつくるために
金子充著
◎2500円

居住の貧困と「賃貸世代」
国際比較でみる住宅政策
小玉徹著
◎3000円

新版 ソーシャルワーク実践事例集
社会福祉士をめざす人・相談援助に携わる人のために
渋谷哲、山下浩紀編
◎2800円

これがホントの生活保護改革 「生活保護法」から「生活保障法」へ

生活保護問題対策全国会議 編

■A5判／並製／120頁 ◎1200円

基準引き下げ・改悪が続く日本の生活保護制度。本書は、先進諸国の社会扶助制度も参考にして、困っている人が利用しやすく、生活を再建することのできる「生活保障法」へ向け、真の生活保護制度の改革はどうあるべきかを積極的に提案するものである。

◆ 内容構成 ◆

第1章 相次ぐ生活保護基準引き下げと法「改正」
I 2018年の引き下げについて
II 2018年の生活保護法等の「改正」の問題点
III 2013年の生活保護基準引き下げといのちのとりで裁判

第2章 私たちの生活保護法・実施要領改正提案
I 生活保護法改正提案／II 実施要領改正提案

第3章 地域でできる運動の提案

第4章 先進諸外国の公的扶助・社会扶助
I 日本／II ドイツ／III フランス／IV スウェーデン／V イギリス／VI アメリカ／VII 韓国

〈価格は本体価格です〉

子ども食堂をつくろう！ 人がつながる地域の居場所づくり
NPO法人豊島子どもWAKUWAKUネットワーク編著 ◎1400円

子どもの貧困と教育の無償化 学校現場の実態と財源問題
中村文夫著 ◎2700円

子どもの貧困と公教育 義務教育無償化・教育機会の平等に向けて
中村文夫著 ◎2800円

子どもの貧困対策と教育支援 より良い政策・連携・協働のために
末冨芳編著 ◎2600円

子どもの貧困と教育機会の不平等 就学援助・学校給食・母子家庭をめぐって
鳫咲子著 ◎1800円

社会的困難を生きる若者と学習支援 リテラシーを育む基礎教育の保障に向けて
岩槻知也編著 ◎2800円

子づれシングルと子どもたち ひとり親家族で育つ子どもたちの生活実態
神原文子著 ◎2500円

シングル女性の貧困 非正規職女性の仕事・暮らしと社会的支援
小杉礼子、鈴木晶子、野依智子、横浜市男女共同参画推進協会編著 ◎2500円

子ども支援とSDGs 現場からの実証分析と提言
五石敬路編著 ◎2500円

子どもの貧困対策としての学習支援によるケアとレジリエンス 理論・政策・実証分析から
松村智史著 ◎3500円

生活困窮と金融排除 生活相談・貸付事業と家計改善の可能性
小関隆志編著 ◎2700円

フードバンク 世界と日本の困窮者支援と食品ロス対策
佐藤順子編著 ◎2500円

ダルク 回復する依存者たち その実践と多様な回復支援
ダルク編 ◎2000円

アディクト〈依存者〉を超えて ダルクの体験を経た9人の〈越境者〉の物語
市川岳仁（三重ダルク代表）編著 ◎2400円

貧困パンデミック 寝ている「公助」を叩き起こす
稲葉剛著 ◎1800円

新版 貧困とはなにか 概念・言説・ポリティクス
ルース・リスター著 松本伊智朗監訳 松本淳、立木勝訳 ◎3000円

〈価格は本体価格です〉

講座 現代の社会政策

《全6巻》

A5判／上製
◎4,200円

いまから約一世紀前の1907年12月、当時の社会政策学会は工場法をテーマとした第一回大会を開催した。その後の十数年間、年一回の大会を開催し社会に対して喫緊の社会問題と社会政策に関する問題提起を行い、一定の影響を与えた。いま社会政策学会に集う学徒を中心に明石書店からこの〈講座 現代の社会政策〉を刊行するのは、形は異なるが、百年前のこのひそみに倣い、危機に追い込まれつつあった日本の社会政策の再構築を、本講座の刊行に尽力された社会政策を専攻する多くの学徒とともに願うからである。

〔シリーズ序文〔武川正吾〕より〕

第1巻 戦後社会政策論
玉井金五・佐口和郎 編著

第2巻 生活保障と支援の社会政策
中川清・埋橋孝文 編著

第3巻 労働市場・労使関係・労働法
石田光男・願興寺眙之 編著

第4巻 社会政策のなかのジェンダー
木本喜美子・大森真紀・室住眞麻子 編著

第5巻 新しい公共と市民活動・労働運動
坪郷實・中村圭介 編著

第6巻 グローバリゼーションと福祉国家
武川正吾・宮本太郎 編著

〈価格は本体価格です〉

貧困研究

『貧困研究』編集委員会［編集］

【年2回刊行】

B5判／並製／本体価格　各1800円＋税

編集長　岩永理恵

編集委員　佐々木宏　丸山里美　田中智子　田宮遊子　西岡大輔　大津唯

日本における貧困研究の深化・発展、国内外の研究者の交流、そして貧困問題を様々な人々に認識してもらうことを目的として2007年12月に発足した貧困研究会を母体に発刊された、日本初の貧困研究専門誌。

Vol.1 特集　貧困研究の課題

Vol.2 特集　流動社会における新しい貧困のかたち

Vol.3 特集　現代日本における貧困の特質をどうとらえるか

Vol.4 特集　日韓における地域の社会的包摂システムの模索　ほか

Vol.5 特集　日本の貧困は「地方」にどう立ち現れているか　ほか

Vol.6 特集　子どもの貧困と対抗戦略　ほか

Vol.7 特集　生活保護制度改革に向けて　ほか

Vol.8 特集　震災と貧困　ほか

Vol.9 特集　大阪の貧困　ほか

Vol.10 特集　先進7ヶ国における社会扶助の給付水準の決定および改定方式　ほか

Vol.11 特集　子どもの貧困と教育の課題

Vol.12 特集　貧困政策を検証する　ほか

Vol.13 特集　貧困研究のフロンティア　ほか

Vol.14 特集　いま〈最低生活保障〉を問う　ほか

Vol.15 特集　アベノミクスと格差・貧困

Vol.16 特集　地域が抱える健康・貧困リスク問題への学術的視点　ほか

Vol.17 特集　社会不安に揺れる欧州とアメリカ　ほか

Vol.18 特集　生活再建と貧困・復興格差　ほか

Vol.19 特集　生活困窮者支援事業の現在

Vol.20 特集　子どもの貧困の現状と政策的課題の検討　ほか

Vol.21 特集　労働と貧困

Vol.22 特集　貧困と住宅

Vol.23 特集　中高齢者の貧困・社会的孤立　ほか

Vol.24 特集　最低賃金引き上げのための運動論・政策論　ほか

Vol.25 特集　コロナ禍と貧困

Vol.26 特集　新型コロナ禍における貧困対策の国際動向　ほか

Vol.27 特集　コロナ禍の影響を測る　ほか

Vol.28 特集　要件化・貸付化する貧困対策　ほか

Vol.29 特集　貧困研究のビッグデータ　ほか

Vol.30 特集　貧困を可視化する保健・医療・福祉の実践　ほか

Vol.31 特集　コロナ特例貸付の課題と生活困窮者支援のあり方　ほか

Vol.32 特集　貧困と家族・ジェンダーの視点　ほか

――以下、続刊

〈価格は本体価格です〉

シリーズ よくわかる 生活保護ガイドブック

貧困と向き合う生活保護ケースワーカー・福祉関係者
必読の書！　新人からベテランまで、すぐに役立つ。

1 Q&A 生活保護手帳の読み方・使い方【第2版】

全国公的扶助研究会 監修　吉永純 編著

【内容構成】　　　　　　　　A5判／並製／168頁 1300円＋税

第1部：生活保護手帳・実施要領への招待　1 生活保護手帳・実施要領活用法／2 目からウロコの生活保護の目的、原理、原則とその勘どころ／3 さらなる学習、レベルアップのために

第2部：生活保護Q＆A　1 保護の申請／2 実施責任／3 世帯の認定／4 資産の活用／5 稼働能力の活用／6 扶養義務の取り扱い／7 生活保護の各扶助／8 収入の認定／9 保護の決定／10 生活保護の停止・廃止／11 保護費の返還・徴収／12 その他／13 コロナ禍・災害と生活保護

2 Q&A 生活保護ケースワーク支援の基本

全国公的扶助研究会 監修　吉永純・衛藤晃 編著

【内容構成】　　　　　　　　A5判／並製／168頁 1300円＋税

1 生活保護ケースワークへの招待──いま、なぜ 生活保護ケースワークなのか／2 支援者と利用者、対象者とその関係／3 自立助長と自立支援の意味／4 ケースワークとソーシャルワーク／5 ケースワークの基本・訪問と記録／6 課題別の支援のポイント／7 就労支援ソーシャルワーク／8 生活保護制度の強みを活かしたケースワーク／9 連携・協働／10 ケースワーカーとして、組織として、福祉事務所の中ではぐくむチカラ

〈価格は本体価格です〉

カマやんの 日本一めんどくさい

釜ヶ崎まちづくり絵日誌

ありむら潜 著

■B5判変型／並製／312頁 ◎2800円

大阪・釜ヶ崎に生きるホームレスのカマやんを主人公にした4コマ漫画と、著者がこの町で関わるまちづくりに関するエッセイを合体。日雇い労働者の町から「西成特区構想」やインバウンドで変わりゆく状況を活写し、地域の生活誌としても貴重な記録。

●内容構成●

プロローグ
第1章　私が出会った人々の例
第2章　釜ヶ崎原論
第3章　まちづくりの源流から関わった者の実録
第4章　ありむら潜の創作裏側日記
エピローグ

伴走支援システム

生活困窮者の自立と参加包摂型の地域づくりに向けて

稲月正 著

■A5判／上製／288頁 ◎3600円

生活困窮者と地域社会をつなげる「伴走支援システム」の理念や仕組みを、奥田知志（NPO法人・抱樸）の実践・論考等に依拠して整理し、その効果と課題を調査結果を元に明らかにし、福祉多元社会におけるNPO（協セクター）の意義について考察する。

●内容構成●

序章　本書の目的と基本的視座

第1部　伴走支援システム
伴走支援システムとは何か／伴走支援システムはなぜ必要なのか

第2部　伴走支援システムの展開
ホームレス自立支援──ホームレス化の過程と支援の方向性／自立支援住宅──社会的自立に向けて／中高年生活困窮者へのパーソナル・サポート──「福岡絆プロジェクト」／若年生活困窮者への伴走型就労・社会参加支援／伴走型世帯支援──「子ども・家族まるごと支援」

第3部　参加包摂型地域づくりに向けて
「抱樸」の条件──地域に支援の「場」があることの意味／福祉多元社会における協セクターの意義と課題

〈価格は本体価格です〉